한국체육대학교 학술교양총서

스포츠 보도학 개론

한국체육대학교
학 술 교 양 총 서
008

스포츠
보도학 개론

허진석

한국체육대학교 학술교양총서 발간에 부쳐

아이작 뉴턴은 생의 막바지에 이런 말을 남겼다.

"나는 바닷가에서 노는 소년과 같았다. 가끔씩 보통 것보다 더 매끈한 돌이나 더 예쁜 조개껍데기를 찾고 즐거워하는 소년. 그러는 동안에도 내 앞에는 광대한 진리의 바다가 미지의 상태로 펼쳐져 있었다."

뉴턴의 아포리즘은 학인(學人)의 삶, 그 숙명을 함축한다. 배움은 진리를 사랑함이니 사과 한 알, 조개껍데기 하나로써 세상의 작동원리를 갈음한 천재의 언어로 부족함이 없다. 그의 통찰은 '거인의 어깨 위에 앉은 난쟁이'의 비유에서 가장 높은 경지에 이른다.

"내가 더 멀리 보았다면 이는 거인들의 어깨 위에 올라서 있었기 때문이다(If I have seen further, it is by standing on the shoulders of giants)."

로버트 머튼이 쓴 『거인의 어깨 위에서』는 뉴턴의 비유가 매우 오래된 인용문임을 밝힌다. 뉴턴은 조지 허버트를, 허버트는 로버트 버튼을, 버튼은 디에고 데 에스텔라를, 에스텔라는 존 솔즈베리를, 그리고 솔즈베리는 베르나르 사르트르를 인용했다.

마태오가 적어나간 아브라함 가문의 내력과도 같지 않은가? 천재의 아우라가 해묵은 은유에 생명을 불어 넣었으리라. 거인과 어깨의 계보는 또한 진리의 오솔길. 그 길은 오로지 나아감이 있을 따름이다. 학인의 숙명은 미지의 열락을 찾아 헤매는 지상의 나그네다.

　　한국체육대학교 학술교양총서는 어깨에 어깨를 겯고 인내로써 천년의 탑을 포개려는 정성의 결실이다. 1977년 개교 이래 성상을 거듭해 정진해온 대한민국 유일의 종합체육대학으로서 학문적 성과와 현장의 경험을 집약하고자 하는 목적으로 시작되었다.

　　총서가 가야 할 길은 멀다. 완급과 부침이 없지 않겠으나 우리는 장경을 새기는 정성과 인내로써 점철할 것이다. 순정한 지향과 의지가 끌이요 마치다. 영원을 향해 걷는 걸음의 시작 앞에서 비나니, 끝끝내 진리의 대양에 이르러 현학들과 조우하기를 빈다.

2020년 2월
한국체육대학교 학술교양총서 편집동인을 대표하여
제7대 총장 안용규 씀

머리말

나는 2006년부터 대학에서 강의했다. 중앙일보에서 체육부 기자로 일하던 시절이다. 시간강사, 겸임교수 또는 초빙교수 자격으로 여러 대학에서 학생들을 만났다. 나는 체육정책을 연구해 박사학위를 받았고, 본질은 역사학자다. 그러나 대학은 나의 저널리스트 경력을 먼저 보았다. 내가 언론정보학을 주로 강의한 이유다. 물론 체육사 강의도 했고, 시인으로서 문예창작학과 강의도 했다. 그 횟수는 언론정보학을 포함한 미디어 관련 강의에 비해 아주 적다. 2019년에 한국체육대학교로 자리를 옮긴 뒤로도 미디어 관련 강의를 계속하고 있다.

최근 몇 년 동안 「스포츠기사작성법」 강의를 했다. 이 강좌는 복잡한 생각을 불러일으켰다. 체육대학교에서, 학부 재학생 가운데 3분의 1이 전문체육을 전공하는 대학에서 「스포츠기사작성법」이 왜 필요한가? 스포츠언론정보학과라든가 스포츠미디어학과가 있다면 문제가 다르다. 한국체육대학교에 그런 학과는 없다. 졸업생을 미디어 부문에 진출시키겠다는 목표 비슷한 것도 없다. '한국체대 출신 기자가 있으면 여러 면에서 도움이 되겠다.'는, 막연한 생각만 있다. 그러면 구색을 맞추기 위해

「스포츠기사작성법」을 교양강좌로 끼워 넣은 것인가?

오해 없기를. 나는 한국체육대학교에 「스포츠기사작성법」 강좌가 꼭 필요했다고 생각한다. 이 공부는 비유하자면 숲을 벗어나 산 전체를 바라보는 경험과 같다. 아니면 산의 가장 높은 데 올라 숲을 내려다보는 시야를 제공한다. 미디어는 객관이다. 객관의 시각으로 체육을, 운동을, 스포츠 경기를, 나아가 체육대학교 안에서 영위하는 삶의 전모를 파악할 기회를 제공한다. 총명한 학생이라면 삶의 좌표를 짚어내고 가야 할 길을 확인할 수도 있다. 물론 미디어의 본질이 반드시 객관에만 있지는 않다. 심지어 미디어가 반드시 객관일 필요도 없다. 그러나 객관은 학습된다.

조망하는 시야는 지성을 다듬고 담금질하는 데 반드시 필요한 경험 가운데 하나다. 둥지를 벗어난 새가 높이 날아 지상을 내려다보는 행위는 다른 세계를 체험하는 일이다. 한 번 날아오른 새는 둥지로 돌아가지 않고 새로운 삶으로 나아간다. 영화 「아웃 오브 아프리카」에서, 데니스의 비행기를 타고 아프리카 하늘을 가로지른 카렌은 '신의 눈으로 바라보는 세계(A Glimpse of the World Through God's Eye)'를 체험했다. 다른 세계를 본 눈은 이전에 보던 것과는 다른 방식으로 자신의 삶과 세계를 연다. 과장하면, 「스포츠기사작성법」은 플랫폼이 될 수도 있다.

한국체육대학교에서 전문체육을 전공하는 학생들의 수준은 아주 높다. 당연한 일이다. 운동능력은 기억과 지성이 협력한 결과다. 반복과 맹목으로 얻어낸 근육의 기억만으로 최고 수준의 운동 능력을 갖추기는 어렵다. 고급한 수준의 경기에서 선수들은 매번 최선의 선택과 판단을 하기 위해 노력한다. 매 순간, 육체적으로 가장 혹독한 한계를 넘나드는 그 순간에. 이렇게 훈련하고 학습해온 학생들이기에 일정한 도움닫기 과정을 거치고 나면 놀라운 속도로 성적의 향상을 이뤄낸다. 그뿐만 아니라 인격적으로 빠르게 성숙한다. 엘리트들의 특징이다.

나의 깜냥으로 학생들에게 '신의 눈'을 선물할 수는 없다. 그러나 도움닫기를 돕는 구름판 하나, 먼곳으로 떠나는 플랫폼의 디딤돌 하나쯤은 놓아 줄 수도 있다고 생각한다. 그래서 『스포츠 보도학 개론』을 낸다. 이 책은 교재다. 학생들이 이론의 대강을 익히고 실무 방법도 깨우칠 수 있게 하려고 썼다. '책에 나온 대로만 하면 기성 신문에 기사 한 꼭지쯤은 쓸 수 있을 것이다!'라고 장담하긴 어렵다. 취재와 기사 작성은 기술과 지식을 넘어 특별한 '그 무엇'을 요구한다. 그것은 강의실에서 가르치면 된다. 책은 출발점이고, 미지의 공간에 들어서는 데 필요한 열쇠다.

스포츠 저널리스트가 되기 위해 한국체육대학교에 입학한 학생은 없을 것이다. 그래도 매년 적잖은 학생들이 스포츠 저널리스트가 되어 졸업한다. 학사학위를 받은 뒤 저널리스트의 길에 들어서는 경우도 있다. 이런 학생들이 준비 과정에서 훑어보면 좋을 매뉴얼로도 작은 역할을 할 수 있으리라고 기대한다. 그런 뜻에서, 이 책을 미래의 스포츠 저널리스트 후배들과 지금 나에게 배우는 한국체육대학교 학생들에게 바친다. 책에 적지 못한 이야기는 수업시간에 마저 하겠다. 학생들과 더불어 미디어의 책무, 좋은 기사의 조건과 같은 기본을 고민하고 싶다.

새 책이 한국체육대학교학술교양총서의 여덟 번째 결실로 세상의 빛을 보게 되어 자랑스럽다. 우리대학의 총서는 오로지 글누림출판사의 호의로 2020년에 첫걸음을 떼어놓아 오늘에 이르렀다. 우보천리의 각오로 한 권 한 권 매듭짓고 있으나 어느 한 권 출판사의 은혜를 입지 않은 것이 없다. 나 또한 이대현-최종숙 두 분 대표님의 웅숭깊은 배려와 뛰어난 편집진의 울력에 힘입어 미미한 글 부스러기를 흩트리지 않고 갈무리해 왔다. 이번에도 이태곤 이사님과 임애정, 이경진 선생님께 수고를 크게 끼쳤다. 글누림 가족에게 드리는 감사로써 출판의 변을 갈음한다.

2022년 9월
가을빛 짙어가는 곰말의 능선 어느 곳에서

차례

1장 인터뷰

1장

인터뷰

자, 막 경기가 끝났다. 극적인 승부에 관중은 열광한다. 경기장에는 세 가지 부류의 사람들이 있다. 이긴 편과 진 편, 그리고 미디어다. 굳이 따지자면 결과가 어떻든 오불관언(吾不關焉)하는 제 삼자도 있을 것이다. 미디어의 행동대원들은 기자다. 그들은 손에 녹음기나 마이크, 또는 취재수첩을 들고 어수선한 경기장을 누빈다. 이긴 팀의 수훈 선수를 붙들고 소감이나 승리를 결정지은 기술에 대해 묻는다. 이긴 팀의 감독에게는 어떤 작전을 사용했는지, 특정한 순간에 선수를 교체한 이유와 그 선수가 지닌 미덕에 대해 물을 수도 있다. 진 팀의 선수를 붙들고 소감을 묻는다든가, 왜 그토록 치명적인 실수를 하고 말았는지 물을지도 모른다. 진 팀의 감독에게 패인을 묻는 일은 피차 불편하지만 피할 수 없는 순서가 되었다.

기자는 이들에게만 질문을 하는 게 아니다. 관중석에서 수훈 선수의 아내나 자녀를 찾아내 뭔가 의미 있는 말을 들을 기회를 노린다. 응원단장을 불러내면 재미있는 일화나 뒷이야기를 들을 수 있을지도 모른다.

경기장에서는 기자와 선수·코치를 비롯한 관계자들 사이에 숨 가쁘게 대화가 오간다. 이 대화들은 모두 인터뷰라고 할 수 있다. 인터뷰는 경기 현장에서만 하지 않는다. 경기가 끝난 뒤 라커룸에 돌아가 기쁨과 슬픔을 나눈 선수와 코치, 팀의 우두머리를 비롯한 관계자들은 대부분 기자회견을 한다. 직업스포츠(프로 스포츠) 종사자들은 특별히 기자회견을 중요한 절차로 수행한다. 이 기자회견도 인터뷰의 기회이며, 그 자체로서 인터뷰이기도 하다.

스포츠 보도의 시작과 끝

스포츠 경기를 보도하는 방식은 여러 가지다. 우선 경기 현장에서 직접 경기 내용을 보고 작성한 상보(詳報)가 있다. 경기의 승부가 갈린 전환점이나 중대한 변수, 경기 참여자(감독이나 선수)의 선택 등에 대해 분석하고 논평하는 '관전평' 류의 박스 기사도 가능하다. 상보와 분석이 한데 버무려진 형태로 쓸 수도 있다. 이 대목에서 생각해야 할 점이 있다. 요즘 인기 있는 스포츠 경기는 대부분 텔레비전으로 중계된다. 국내 경기는 물론이고 미국과 유럽에서 열리는 경기도 다 볼 수 있다. 특히 우리나라 선수가 뛰고 있는 리그의 경기는 틀림없이 중계한다. 미국의 메이저리그 야구(MLB), 잉글랜드의 프리미어리그 축구(EPL), 미국과 유럽에서 열리는 프로골프 투어(PGA, LIV, LPGA 등)…. 혹 경기 중계를 제때 시청하지 못해도 녹화중계를 볼 기회가 남아 있다. 그뿐인가. 인터넷 포털의 서비스를 통해 경기 내용과 결과는 물론이고 승부가 갈린 중요한 장면을 요약해서 볼 수도 있다. 정보도 그곳에 다 있다. 스포츠팬들은 꼼꼼하게 경기를 챙겨보고 즐기고 평가한다.

신문 기사든 방송 뉴스 기사든 현실을 반영해야 한다. 경기가 끝난 뒤에도 그 결과를 알지 못하고, 하루 뒤 배달되는 신문지면을 뒤져 궁금증을 풀던 시절에 하던 방식으로 지면을 채울 수는 없는 것이다. 상황의 변화는 스포츠 담당 기자들이 작성하는 기사의 방향과 형태에 영향을 미친다. 특히 신문 등 인쇄 매체의 기자들은 중계방송과 텔레비전 뉴스가 다루지 않은 새로운 영역의 취재를 위해 골몰할 수밖에 없다. 신문 기자들은 살아남기 위해 가능한 모든 노력을 해야 하는 것이다. 뉴스의 영역에서 벌어지는 전투는 이겨낼 수 없다. 솔직히 말해 신문은 텔레비전의 적수가 못된다. 각종 포털의 스포츠 뉴스 섹션을 실시간으로 메워가는 수많은 온라인 매체의 공세조차 이겨내기 어렵다.

규모가 큰 매체에서는 내부에 온라인 팀을 조직해 대항군을 운영한다. 힘이 부족한 매체에서는 정책을 '디지털 퍼스트'로 바꿔 사실상 온라인 미디어 화(化)하는 길을 선택한다. '볼펜'이라고 불리는 기자들에게는 상황이 점점 나빠진다. 어지간한 경기 기사는 로봇이 쓰고 있지 않은가. 예산이 많이 투입된 고사양 로봇은 능력이 뛰어나다. 대학은 나왔으되 글쓰기는 서투른 기자들이 부끄러움을 느껴야 마땅할 정도로 훌륭한 기사를 만들어낸다. 우후죽순처럼 등장한 매체에는 제대로 훈련받지 못한 기자가 수두룩하다. 이들은 주어와 서술어를 맞추기도 벅차고, '~서'와 '~써'의 구분도 불가능하다. "두산은 LG와 경기에서 0-0으로 비긴 8회초에…"식으로 적어 놓고도 틀린 줄을 모른다. 이 지경인데도 독자에게 기사를 팔겠다고 점방에 모습을 보이는 것이다. 이들은 말할지도 모르겠다. "알파고와 이세돌이 바둑 두는 거 못 봤나. 인간이 로봇을 어찌 이기나?"

미안한 얘기지만 한국어 문장 구성은 바둑만큼 심오한 고뇌를 전제하는 노역이 아니다. 언어는 습관이고 숙련의 결과다. 한 사람이 만들어내는 문장은 그의 인격과 깊이의 총화다. 문장의 깊이는 글쓴이의 경험과 지성의 두께를 반영한다. 평소 공부가 부족하고, 고민의 깊이가 얕으며 가혹하게 말하자면 기자가 어떤 사람으로서 무슨 일을 하는지도 모르는 종사자들이 허다하다. 이들이 생각 없이 키보드를 두들겨대도록 방치하는 것이 언론의 현실이고 우리가 읽는 수많은 텍스트들이 그 결과물들이다. 누가 로봇과 경쟁하라고 했는가. 그 반대다. 인간답게 기사를 써야 마땅하지 않느냐는 것이다. 로봇은 할 수 없지만 인간 기자는 가능한 일이 이 바닥에는 아직 많이 있다.

인간 기자가 쓰든 로봇이 쓰든 독자는 경기 기사를 읽는다. 이미 중계방송을 시청해 경기 결과를 알고 있어도 그렇다. 어느 타자가 결승홈런을 쳤는지, 어느 투수가 무사사구 완봉을 했는지 알아도 포털의 뉴스 페이지에 기사가 뜨면 클릭을 하고 들어간다. 결과를 아는 스포츠팬이 왜 경기 기사를 읽는가. 혹자는 확인 심리 때문이라고 한다. 내가 본 것을 공적인 매체에서 확인하고 싶어 한다는 것이다. 내가 본 것이 사실인지, 내 생각이 맞았는지. 그럴 것이다. 야구팬들은 경기장에서 프로야구 경기를 본 다음 집에 가는 길에 포털 사이트를 열어 야구 기사를 읽는다. 스포츠 채널에서 프로야구 중계를 시청한 다음 프로야구 종합 프로그램을 이어서 본다.

하지만 이렇게도 생각해 볼 수 있다. 경기를 직접 보거나 중계방송을 시청한 다음 미디어를 통해 다시 한 번 돌아보는 행위는 그 자체로서 스포츠 경기를 즐기는 단위로서 받아들여야 할지 모른다. 그렇다면 기자가 기사를 작성하는 일은 문화의 한 영역에서 역할을 분담하는 행위가 된다. 경기와 보도가 하나의 맥락을 이루어 한 덩이(세트)로서 소비된다는 것이다. 그러면 스포츠 경기 보도는 기존의 보도와 어떻게 다른가. 달라질 것은 없다. 더 정확하고 더 엄격해야 할지 모른다. 오디오를 즐기는 사람에게 기기의 품질은 '음악'이라는 최종의 목표 앞에서 평가받는다. 음악이라는 목표의 달성 여부는 기기의 특징이 분간한다. '음악성'이라든가, '음색'이라든가, '울림' 같은 것은 아무것도 결정하지 못한다. 그런 용어는 오디오 장사꾼들의 호객에 불과하다. 문제는 정확성이다. 소스에 담긴 정보를 얼마나 손실 없이 사용자에게 전달하는가. 얼마나 정확하게.

대부분의 스포츠팬에게 경기 결과와 내용은 주된 관심거리이다. 특히 잘 쓴 경기 상보는 스트레이트의 힘을 보여준다. 스포츠를 인쇄매체의 보도를 통해 접하는 팬들에게 깊은 감동을 안겨 주기도 한다. 그러나 팬들은 더 이상 단순한 경기 상보에 굶주려 있지 않기 때문에 이 같은 사례는 흔하지 않다. 더구나 인쇄매체의 시대는 옛날에 끝났다. 인터넷 포털에 떠오르는 뉴스들은 유사 인쇄매체의 특성을 보인다. 텍스트에 기반을 둔 보도니까. 텔레비전과 인터넷에 압도당하고 로봇에게 밀려난 인간 기자들은 경기 상보를 길게 쓰지 않으려 든다. 가끔 적극적으로 상보를 쳐 올리는 경우는 우리 선수가 속한 유럽의 축구팀이나 미국의 야구팀의 경기가 열릴 때다. 유료채널에서 중계를 할 때는 더 부지런히 쓴다. 하지만 드문 경우고, 매체에서도 상보를 쓰게 하기 위해 기자를 뽑지는 않는다. 그렇다면 기자들의 입장에서 상보 쓰는 시간은 확 줄었다. 남은 시간은 어디에 투자해야 할까. 선수와 감독, 그리고 그 종목 관계자들을 만나 긴 시간 동안 구체적인 내용을 주제로 대화하는 인터뷰(In depth interview)에 보다 많은 시간과 정성을 기울여야 마땅할 것이다.

인터뷰는 전통적인 취재 방식이다. 인터뷰 기사 역시 오래 된 기사의 형태 가운데 하나이다. 인터뷰는 스포츠의 스타들과 팬(기자 입장에서는 소비자인 독자)을 최단거리로 잇는 정보의 창구로서 기능한다. 스포츠 기자들의 존재 의미를 부각시켜 주는 대표적인 장르이기도 하다. 기자들은 슈퍼스타와의 인터뷰 약속을 위해 선수 본인, 구단 관계자, 매니저, 에이전트 등과 긴밀하게 연락한다. 이에 앞서 시의적절한 인터뷰 대상의 선정을 위해서도 공을 들일 것이다. 이 노력은 경기장에 입장해 실제 경기를 관전하는 데 들이는 노력 이상이다. 하지만 최근, 특히 2000년대에 들어선 이후 각종 매체에서 뛰어난 인터뷰 기사를 발견하기는 쉽지 않다. 여기에는 여러 가지 이유가 있을 것이다. 정해진 시간에 지나치게 많은 기사를 써내야 하는 인터넷 중심의 보도문화도 영향을 미칠 것이다. 이러한 문화에 적응하거나 순치돼버린 기자의 역량 후퇴도 의심해볼 수 있다. 하지만 그런 것은 여기서 급히 다룰 문제가 아니다.

사실 스포츠 기사는 경기 상보 등 몇 가지 직접적인 사례를 빼면 대부분 인터뷰에 의해 정보의 질이 심화되고 확실성이 보장된다. 경기 상보조차도 선수나 감독, 해당 종목의 관계자들을 인터뷰함으로써 풍부한 정보를 담을 수 있게 된다. 인터뷰 내용이 빈곤하거나 방향이 잘못된 인터뷰를 했다면 결코 살아 숨 쉬는 기사를 만들어낼 수 없을 것이다. 빈곤하고 방향 설정이 잘못된 인터뷰는 정보의 함량이 낮은 조각 기사에 불과하다. 인터뷰가 잘못 이루어졌을 경우에는 오보를 면치 못한다. 인터뷰에 실패했다면 아예 기사를 쓸 수 없다. 이렇게 볼 때 유능한 스포츠 기자는 곧 인터뷰에 능한 기자라고 해도 과언이 아니다. 또한 스포츠 보도의 근간이 되는 취재 행위 역시 인터뷰에 크게 의존하고 있음을 부인할 수 없다. 인터뷰는 정보를 얻어내는 가장 중요한 기술로서 기자라면 누구나 그 기술에 숙달할 뿐 아니라 인터뷰해야 한다는 사명에 투철해야 한다. 기자는 인터뷰를 함으로써 정보의 대부분을 얻는다.

정보와 거래

정보의 중요성은 시대와 국경을 초월해서 강조해도 놀라운 일이 아니다. 나관중의 『삼국지연의』에서 가장 돋보이는 인물 제갈공명, 임진왜란 때 국가를 누란의 위기에서 건져낸 이순신, 이 두 사람의 공통점은 적국보다 훨씬 뛰어난 정보를 장악하는 데 있었다. 제갈공명은 저 적벽에서 바람의 방향을 미리 예측하여 화공으로 조조의 엄청난 선단(船團)을 물리칠 수 있었다. 이순신 또한 다도해라는 서남해안의 특성상 생겨난 급한 조류와 많은 섬 지형을 십분 활용하여 일본 수군을 연속해서 이길 수 있었다. 이들은 정보의 중요성을 일찍 깨닫고 전투에 요긴한 정보를 활용하여 승리를 이끌어낸 사람들이었다.

1942년 6월 4일부터 6월 7일까지 벌어진 미드웨이 해전(Battle of Mid-way)에서 미국이 거둔 전과는 전투기나 전함의 대결에 앞서 정보전의 승리가 가져온 결과였다. 일본은 진주만 기습으로 미국 태평양함대에 엄청난 타격을 입혔다. 미국이 받은 충격은 상상 이상이었다. 일본은 태평양의 전략 요충지 미드웨이도 진주만 꼴로 만들 작정이었다. 그러나 미국은 정보력을 총동원하여 이를 예측하고 철저한 준비로 맞섰다. 제국주의 일본의 항모기동부대는 예상하지 못한 미국 항공기의 공격에 궤멸되었고, 태평양 전쟁의 흐름은 완전히 미국 쪽으로 기울었다. 일본은 다시는 태평양 전쟁의 주도권을 되찾지 못했다. 미드웨이 해전의 사례를 검토하면 '정보'가 전쟁의 승패와 직결되는 문제임을 절감하게 된다.

사회적 관계에서 값진 정보의 역할은 수도 없이 많다. 그녀가 나를 사랑하는지, 남자친구가 듬직해서 결혼을 해도 좋은 상대자인지 아닌지, 회사는 나를 채용할 것인지 아닌지, 나날이 흘러나오는 뉴스에서 내 진로와 직결된 소식은 없는지, 이 모든 것들이 모두 값진 정보가 아니던가. '정보 스모그'의 현실에서 내게 필요한 정보를 찾아내는 안목과 함께 상황을 헤쳐 나갈 대비책도 정보를 현명하게 활용함으로써 획득할 수 있다.

인터뷰는 정보를 수집하거나 추출하는 전통적인 방법 가운데 대표 격이다. 인터뷰는 직접대면을 전제로 한다. 전화나 설문지, 전자우편 등 여러 가지 인터뷰의 상황을 가정할 수 있으나 직접대면보다 낫다고 할 수 없다. 직접대면에 의한 인터뷰의 미덕은 인간적이고 사실적이며 진실과 거짓의 경계가 선명하다는 데 있다. 경기를 중심으로 하는 보통의 인터뷰라면, 기자는 스포츠맨들에게 경기에 대한 전문가적 인식이나 철학을 추구하지 않을 것이다. 승리 또는 우승을 하게 되기까지 자기관리 경험이나 경기에 임한 자세, 경기 결과에 대한 입장을 먼저 요구할 것이다. 특별한 경우라고 해도 스포츠 스타의 인간적 면모를 알고 싶어 하는 대중의 호기심을 대변하는 미디어의 관심에서 출발했을 것이다. (그런 점에서 스포츠 인재들은 오늘날 스포츠 현장과 그 주변에서 발생하는 인터뷰 상황을 잘 이해하고 대비할 필요가 있다.)

먼저 사전을 펴 보자. 대부분의 사전이 '특정한 목적을 가지고 개인이나 집단을 만나 정보를 수집하고 이야기를 나누는 일. 또는 그런 것'이라고 정의한다. 그러면서 '주로 기자가 취재를 위하여 특정한 사람과 가지는 회견을 이른다.' 영어 대신 '면접'이나 '회견'이라는 말로 순화하자는 권유도 있다. '인터뷰'는 우리가 생활 속에서 익숙하게 사용하는 단어다. 예를 들어 '미국 방문을 위한 인터뷰', '항공사 승무원 취업을 위한 인터뷰' 등은 '특정한 목적을 가지고 개인이나 집단을 만나 정보를 수집하고 이야기를 나누는 일 또는 그런 것'이라는 첫 번째 의미로 사용한 말이다. 미디어 부문에서는 '기자가 취재를 위하여 특정한 사람과 하는 회견'이라는 두 번째 의미로 지칭한다. 좀 더 풀어 설명하자면 인터뷰는 '면접', '면담'의 뜻으로, 면접자가 상대방에게 어떤 문제에 대한 질문을 해서 정보나 의견 등을 알아내는 '방법'이다. 뉴스의 취재를 위한 뉴스 인터뷰, 사람을 찾아가서 하는 탐방 인터뷰, 전화 인터뷰, 기자 회견 등이 있다.

독일 『두덴 사전』의 설명에 따르면, 인터뷰라는 저널리즘 장르의 어원이 되는 단어는 "서로 (짧은 시간 동안) 봄, 해후, 만남"을 뜻하는 프랑스어 'entrevoir'라고 한다. 이 단어에서 '약속된 만남'이라는 뜻을 지닌 프랑스어 'entreview'라는 명사가 파생된다. 그 후 이 단어는 영국 궁정언어에 유입되었고, 20세기 중반 미국 저널리스트들에게, 그리고 시차를 두고 다시 영국 저널리스트들에게 수용되었다. 그 이후로 '인터뷰'는 "여론에 공개할 목적으로 (신문)기자와 (대개는) 저명한 인물 사이에 이루어진 시사적인 문제에 대한 대화나 답변 당사자 때문에 대중이 관심을 갖게 된 사건에 대한 대화"를 의미하게 된다. …(중략)… 『브로크하우스 백과사전』(1986)에 따르면, 인터뷰란 "사건이나 인물과 관련된 정보를 얻기 위해 인터뷰 진행자가 개인(정보제공자)에게 목적을 갖고 질문조사를 하는 행위"이다. 그러므로 인터뷰는 단순한 대화가 아니라 정보 획득이라는 목적을 갖는 질문조사 행위인 것이다. …(중략)… 『피셔 신문방송학 사전』은 인터뷰의 두 가지 중요한 기능을 언급하고 있다. "인터뷰는 하나의 기술 방식일 뿐 아니라 조사 방법이기도 하다." …(중략)… 『저널리즘 핸드북』 공동저자인 볼프 슈나이더와 파울 요제프 라우에는 인터뷰를 제작 단계에 따라서 분류하고 있다. 인터뷰는 우선 대화 참여자들 사이의 '만남'이며, 둘째로 이들의 대화 내용 중 대중에게 공개될 특정 부분이며, 셋째로 그중에서 실제로 인쇄되거나 방송된 것"이다.[01]

　　"인터뷰(interview)는 웹스터(Webster)의 『New World Dictionary』에 따르면 라틴어에서 유래한 entre(inter: between, among)의 합성어인 프

01　Michael Haller, 강태호 역, 『인터뷰, 저널리스트를 위한 핸드북』, 커뮤니케이션북스, 2008, 34~35쪽.

랑스어 entrevue에서 온 말이다. 여기에서 인터뷰는 세 가지 뜻을 가지는
데, 첫째 무엇을 의논하기 위하여 사람들이 직접 대면하는 만남 및 고용주
와 지원자 사이의 인터뷰, 둘째 기자와 그의 활동·견해 등이 발표될 기사
의 대상이 되는 인물과의 대담, 셋째 그와 같은 정보를 주는 언론적 기사
등이다. 이를 다시 분류하자면 일반적인 조사방법으로서의 인터뷰와 언론
활동으로서의 인터뷰로 나눌 수 있고, 언론에서의 인터뷰를 다시 '취재기
법으로서의 인터뷰(interview technique)'와 '보도관행으로서의 인터뷰 기
사(interview story)'로 세분할 수 있다."[02]

이상의 정의는 사실 알려고 노력하지 않아도 대부분의 사람들이 직관
적으로 알고 있는 내용이다. 사람들은 대개 인터뷰가 무엇이고 어떤 형
태와 방법으로 수행하는지 알고 있거나 알고 있다고 믿는다.

만남, 질문조사, 취재기법, 보도 관행 등의 표현을 보면 인터뷰는 '미
디어'에 의해 수행되는 취재 행위로서의 만남, 질문조사, 그리고 그 결과
물로서의 보도 기사로 나타난다. 만남이란 사실 대부분의 인간관계가 그
러하듯 취재기자인 인터뷰어(Interviewer)와 인터뷰의 당사자인 인터뷰이
(Interviewee)의 만남이다. 인터뷰가 만남이라는 것은 친밀성을 전제로 할
때 질문조사가 신뢰성을 갖게 된다는 것을 뜻한다. 질문조사로서의 인터
뷰는 방법상 과학적이지 않고 상식만을 반영할 뿐이다. 객관적이지 않으
며 신뢰할 수 없고 신빙성이 부족할 가능성이 있으며 유도질문에 따라

---

02   김소형, 『한국신문의 인터뷰기사 도입과 변천에 관한 연구』, 1999, 5쪽.

서는 아예 의미가 바뀔 수 있다는 부정적인 측면[03]도 있다. 그러나 성실한 인터뷰어(특히 미디어 종사자)가 인터뷰이에 대한 면밀한 준비를 통해서 부정적 요소를 상당히 극복할 수 있다는 점도 부인하기 어렵다.

　인터뷰 기사는 종종 인터뷰이의 의도와는 다르게 보도 기사로 나타나 파장을 불러일으키기도 한다. 특히 정치인들이 "내 의도나 표현과는 다르다."고 항변하는 경우가 많다. 이는 기사내용이 전체의 맥락과는 다르게 나타나기 때문이기도 하다. 이런 일이 벌어지는 주된 이유는 인터뷰어인 기자가 자신의 관점을 가지고 인터뷰이의 의도와는 다르게 인터뷰 내용을 구성하는 데서 생겨나는 불일치이다. 이런 이유에서 많은 인터뷰이들은 인터뷰어를 불신하기도 한다. 그럼에도 불구하고 인터뷰는 취재조사의 필수적이고 가장 기본적인 절차에 해당한다는 것을 부인할 수 없다. 인터뷰는 인터뷰어와 인터뷰이가 어울려 빚어내는 커뮤니케이션의 퍼포먼스로서 오늘날 미디어가 스포츠 문화와 접속하는 가장 기본적인 활동의 하나임에 분명하다. 인터뷰의 운명은 영속적이어서 신문이나 텔레비전이 종말을 맞은 뒤에도 인터뷰는 살아남을 것이다.

바이블들

　인터뷰가 이토록 중요한 취재 과정이기 때문에, 기자들은 인터뷰 기

03　이런 경우는 인터뷰가 양날의 칼처럼 합법화하는 경우도 있지만 인터뷰의 질이 낮다는 관점에서 생겨난다.

술을 숙지하기 위하여 많은 노력을 기울인다. 또한 스포츠 기자들을 위한 많은 교재와 가이드북이 나와 있다. 대한민국 스포츠 기자들이 그 입문기에 반드시 새겨 읽어야 할 책자 가운데 하나로 첫손에 꼽히는 토마스 펜시의 『스포츠 기자 핸드북』(The Sports Writing Handbook, 1997)은 바이블과도 같은 책자 세 권을 가이드로 제시한다. 펜시는 그의 저서 맨 첫 장을 인터뷰 기법에 할애함으로써 현대 스포츠 저널리즘에서 인터뷰가 차지하는 비중을 자연스럽게 강조하고 있다. 첫 장의 제목은 '인터뷰 기법(The Art of the Interview)'이다. 펜시가 가이드로 제시한 세 권의 저서 가운데 첫 번째는 윌리엄 진서의 『논픽션 가이드』(On Writting Well: An Informal Guide to Writing Nonfiction, 1985)이고 두 번째가 존 브래디의 『인터뷰 기법』(The Craft of Interviewing, 1976)이며 세 번째가 드윗 카터 레딕의 『피처 기사 작성법』(Modern Feature Writing, 1949)이다. 이 책 속에서는 다음과 같이 빛나는 문장들을 발견할 수 있다.

> 인터뷰 솜씨의 절반 이상은 순전히 기계적인 것이다. 그 나머지가 직관적인 능력이 발휘되는 부분이다. 즉 다른 사람을 편안하게 만드는 방법이나 대상자를 밀어붙일 적절한 순간, 귀를 기울여야 할 때, 그리고 인터뷰를 중단해야 할 때를 파악하는 판단력이나 능력이 그것이다. 이런 능력은 경험을 통해 익힐 수 있는 것이다.[04]

04　William Zinsser, 『논픽션 가이드』, 1985, 79쪽.

인터뷰란 상대방의 믿음을 통해 정보를 얻는, 적절하면서도 직접적인 기술이다. 인터뷰 내용이 예리하면서도 균형이 잡히기 위해서는 신뢰를 받고 필요한 정보를 얻는 두 가지 행위가 균형을 이뤄야 한다. 그러나 인터뷰 과정이 조바심 속에 과열되다 보면 이 두 가지 행위는 뒤죽박죽이 되어 평형이 이뤄지지 않는다.[05]

인터뷰 담당자는 상대에게 던질 질문의 상당수를 미리 준비해야 한다.…(중략)…인터뷰 초보자라면 중요한 질문을 미리 적어 두는 것이 도움이 될 것이다. 노련한 인터뷰 담당자는 스토리의 핵심을 분명하게 인식함으로써 앵글이 서너 개로 번지더라도 스토리의 가닥을 놓치지 않는다.[06]

레딕이 1949년에 쓴 글에서 장구한 세월의 도전에도 불구하고 조금도 풍화되지 않은 완벽함을 발견할 수 있다. 또한 인터뷰 기법이 사뭇 오랜 시간을 거슬러 저널리즘의 한 가지 도구로서 정리된 이론에 기반하고 있다는 사실도 깨닫게 된다. 인터뷰의 기법은 잘 정돈된 매뉴얼에 기초한다. 그 운영자의 능력에 따라 예측하지 않았던 변인을 발생시키면서 놀라운 진실로 안내하기도 하고 풍요로운 콘텐트의 보고가 되어 주기도 한다. 요컨대 인터뷰는 상당히 조심스럽게 준비된 다음에 시작되어야 할 취재의 한 기술이다.

이 책들 외에도 미하엘 할러가 쓴 『인터뷰, 저널리스트를 위한 핸드

---

05   John Brady, 『인터뷰 기법』, 1976, 68쪽.

06   DeWitt Carter Reddick, 『피처 기사 작성법』, 1949, 94쪽.

북』(강태호 역, 커뮤니케이션북스, 2008)도 반드시 읽어 보아야 할 것이다. 할러는 "인터뷰 상황의 이중성은 저널리즘 인터뷰의 주요 특징이다. 개인적인 대화이지만 언제나 공적인 구경거리"[07]라고 규정한 다음, 대화에서 가능한 한 합의에 이르고자 한다면 네 가지 차원을 고려해야 한다고 충고한다. 첫째는 질문 또는 편집진의 인터뷰 목표(의도), 둘째는 매체의 신문방송학적·기술적 특성, 셋째는 답변자의 개인적 관심, 넷째는 대중의 기대와 요구이다.

다음과 같은 할러의 정리는 매우 명쾌하다.

> 각각의 인터뷰 질문의 목적과 방법은…(중략)…서로 다른 전달 목표를 갖는다. 어떤 경우에는 사건이나 테마가, 또 다른 경우에는 답변하는 인물이 중심에 놓이며, 종종 양쪽의 비중이 동일한 경우도 있다. 그러나 항상 인터뷰는 주목할 만한 가치가 있거나 사건에 대한 유용한 정보를 제공할 수 있는 인물들의 지식과 견해 뿐 아니라 사고방식까지도 이들이 언급한 진술을 통해서 신빙성 있는 형태로, 가능한 한 흥미로운 방식으로 보여주어야 한다.
>
> 한 인물이 사건에 대해 무엇을 어떻게 이야기하고 자신이 말한 내용에 대해 어떤 태도를 취하는가 등의 요소들은 모두 인터뷰에 녹아들어 전체적인 정보의 형태를 띠게 된다. 그래서 인터뷰의 정보 가치가 인터뷰 상대자가 전달한 지식에만 있는 경우는 매우 드물다. 대개 인터뷰의 정보 가치

---

07 Haller, 2008, 54쪽.

는 인물과 테마 사이의 흥미로운-또한 놀라움을 주는-조합에 있다.[08]

두 주인공

인터뷰에는 서로 다른 역할을 하는 두 사람이 참여한다. 기자는 인터뷰에서 주로 질문을 하는 사람, 즉 인터뷰어(interviewer)이다. 질문을 듣고 대답하는 사람은 인터뷰이(interviewee)다.

인터뷰어를 위한 교재와 길잡이는 위에 소개한 것처럼 매우 많고 종류도 다양하다. 또한 많은 미디어가 자체적으로 인터뷰를 위한 매뉴얼과 훈련 시스템을 보유하고 있다. 신입기자들은 선배기자들의 지도 아래 도제식 교육을 통해 인터뷰와 인터뷰 기사 작성 기술을 숙지하고 발전시켜 나간다. 그들은 넓은 의미로 인터뷰를 이해하며, 대부분의 기사를 인터뷰를 통하여 작성한다. '인터뷰 기사'라는 테두리에 넣을 수 있는 경우는 일반적으로 방문, 회견 등을 통해 작성한 기사로서 개인이 중심이 되는 기사이다. 인터뷰 기사의 종류는 그 내용과 형식에 따라 가려 볼 수 있다.

내용을 기준으로 삼을 때 스트레이트 뉴스 취재에서 인적 취재원에게 하는 질문이나 발표 기관 또는 대변인에게 보충 질문을 하는 뉴스 인터뷰가 있다. 어떤 사람의 직업, 업적, 근황 등 개인이 기사의 중심이 되는 인터뷰로서 기사 가치와 관련된 이야기가 포함돼야 하는 프로필 기사

---

08   Haller, 2008, 54~55쪽.

또는 개인 회견도 있다.

형식면에서 살펴보면 첫째로 질문과 답변을 명확히 구분하여 기술하는 '문답식' 기사가 가장 쉽게 구분할 수 있는 방식의 기사이다. '-승리의 비결이 무엇인가? "상대 팀의 주요 선수를 겹수비로 막으려는 작전이 성공했다."'는 식이다. 기자가 기사를 서술해 나가다가 중간 중간에 인터뷰이가 한 말을 인용하는 '녹여 쓰기' 방식도 쉽게 식별할 수 있을 것이다. 상황에 따라 적절히 사용할 수 있기 때문에 단순한 문답식 기사보다 선호하는 기자가 많다. 대개 문답식 기사는 중요하고 미묘한 사안인 경우에 사용한다. 기자의 해석이 초래할지도 모르는 오해의 소지를 줄일 수 있다. 녹여 쓰기는 미담이나 휴먼 스토리를 쓸 때 즐겨 사용한다.

기자들은 인터뷰 대상을 포착하면 사냥감을 발견한 맹수처럼 집요해진다. 결코 놓치는 법이 없다. '사냥감(인터뷰 대상)'은 실로 다양하다. 사람들의 흥미를 끌 만한 사연을 간직한 사람은 누구든 기자의 인터뷰 대상이 될 수 있다. 인터뷰 대상자가 인터뷰를 꺼리고 거절할 수도 있지만 쉬운 일은 아니다.

기자는 인터뷰 대상자가 거절할 수 없을 만큼 친하거나 인간적으로 신뢰하는 사람을 동원해 설득에 나선다. 인터뷰 대상자를 힘으로 압도할 수 있는 인물을 동원해 압박하는 경우도 없지 않다. 정말 필요함에도 불구하고 인터뷰를 거절당해 어려운 입장이 되면 강요와 협박도 서슴지 않는다. "당신이 인터뷰를 거절한다면 결국 당신이 잘못을 인정한다는 뜻이다."라는 말로 압박하거나 "당신이 인터뷰를 거절했다는 사실을 보도하겠다. 결과는 결코 유리하지 않을 것이다."라는 식의 '협박'은 사실

보통 사람들로서는 견디기 쉬운 일이 아니다.

소감

스포츠 기자의 인터뷰는 다른 취재 분야와 마찬가지로 몇 가지 형태로 나누어 볼 수 있다. 우선, 스포츠 기자에게 가장 자주 닥치는 경우로서 경기장에서 경기 직전이나 직후, 가끔은 중간에 선수와 감독 또는 관계자 등을 대상으로 하는 긴박한 현장 인터뷰가 있다. 다음으로 경기장이나 숙소, 훈련장이나 그 밖의 정해진 장소에서 다소 시간을 두고 계획적으로 이루어지는 기획성 인터뷰도 있다. 특정한 목적을 가지고 취재원이 여러 기자를 상대로 하는 기자회견 형태의 인터뷰도 가능하다.

그런데 한국의 스포츠 기자들이 현장에서든 훈련장에서든 많이 던지는 첫 질문은 '소감'이다. '경기를 마친 소감', '오늘 승리를 거둔 소감', '홈런을 친 소감' 등. 소감 못지않게 많이 등장하는 단어는 '기분'이다. '완봉승을 기록한 기분이 어떠냐.', '결승골을 터뜨리는 순간 기분이 어땠느냐.' … 기자가 선수나 감독에게 "우선 오늘 경기에 대해서 간단하게 정리를 해 주시죠."하고 요구하는 경우도 있다.

기자들이 이렇게 난감한 질문을 하는 데는 이유가 있다. 마감 시간의 압박 속에서 신속하게 기사로 옮길 코멘트를 얻어내기 위하여 어쩔 수 없다는 사실을 감안해야 한다. 그래도 이런 광범위하고 질문인지 아닌지 알기도 어려운 애매한 종류의 질문을 받았을 때 취재원의 소감이나 기분은 간단하게 정리하기가 쉽지 않을 것이다. 문제는 이렇게 정리되지 않은 종류의 질문이 미리 약속한 시간에 상당한 시간을 들여 진행하는 인터뷰에서도 심심찮게 취재원에게 던져진다는 점이다. 그러나 어떠한 경우에라도 기자들이 단지 '소감'이나 기분이 어떤지 알고 싶어 이런 식의 질문을 하는 것은 아니라는 사실은 명백하다.

인터뷰에도 분명 매뉴얼이 있다. 그리고 이러한 매뉴얼은 기자라면 누구나 알고 있음직한 내용을 담고 있다. 인터뷰 방식에 대한 요령과 테크닉은 자못 다양하다. 대부분 간단하게 설명하고 이해할 수도 있는 내용이다. 다음에 제시되는 항목들은 대부분 기자들이 미리 예정된 인터뷰를 할 때 유의하는 사항들이다. 현장에서는 그 날의 상황이 인터뷰의 방향을 결정하는 경우가 허다하다. 그러나 기획된 인터뷰라면 기자도 취재원을 향하여 좀 더 정교하게 준비된 질문과 인터뷰 진행 방식을 구사할 것이 틀림없다. 펜시는 기자들에게 다음과 같은 충고를 한다.

1) 인터뷰 대상에 대한 자료를 충분히 찾아 읽고 검토하라.

2) 반드시 해야 할 질문을 미리 작성해 두어라.

3) 인터뷰할 대상자의 스케줄에 맞추어 인터뷰할 날짜와 시간을 결정해라.

4) 인내를 가지고 인터뷰 대상자를 대해라.

5) 프로필과 관련한 기사를 쓰고자 할 경우 연대순으로 질문하라.

6) 연도를 반드시 물어 확인하라.

7) '왜'냐고 물어라. '이유'를 알아야 한다.

8) 인터뷰를 마친 뒤라도 확인과 보충 질문을 하기 위해 전화번호를 적어 두어라.

9) 접촉이 가능한 주변 인물들을 빠짐없이 인터뷰하라.

10) 응원단장 같은 말투로 질문하지 마라.

11) 많은 취재원들(코치와 선수, 관계자 등)은 기자가 자신들의 편이 되어 주기를 기대한다는 사실을 인식하라.

12) '결정적인 순간'에 대해 질문하고 확인하라.

13) 신문 등 인쇄매체의 기자라 해도 녹음기, 컴퓨터, 비디오카메라, 사진기 등의 기초적인 조작법은 익혀 두어야 한다.

14) 윤리적인 문제가 따르는 '오프 더 레코드' 요구는 피해야 한다.

15) 최근에 보도된 인터뷰 대상자에 대한 기사를 제시하고 그 보도의 진위를 물어 확인 또는 부인하는 답변을 확보하라.

16) 인터뷰는 차분한 분위기에서 진행하라.

17) 인터뷰 대상자나 관계자를 비롯한 주변 인물에게 홍보용이든 배경설명을 위한 것이든 도움이 될 만한 자료가 있다면 달라고 요청하라.

18) 스포츠에서만 사용되는 특수 용어나 비속어는 정확하고도 조심스럽게 사용하라.

19) 공문서를 적극적으로 열람하여 자료로 삼으라.

20) 논란이 될 만한 내용을 담은 질문은 인터뷰의 초반보다는 말미에 하는 게 좋다.

21) '최후 진술' 듣기를 잊지 마라.

22) 에피소드는 인터뷰를 부드럽고 풍요롭게 한다.

23) 어떤 스타나 권력자 앞에서도 위축되어서는 안 된다.

24) 특히 구단주를 비롯한 고위층을 인터뷰할 때 동어반복과 상투적 답변에 만족해서는 안 된다.

25) 인터뷰 대상자의 예상하지 못한 '고백'에 대비하라.

평범한 사람이라도 이 스물다섯 가지 항목 중에 이해할 수 없는 항목은 없으리라고 확신한다. 예를 들어 '인터뷰 대상에 대한 자료를 충분히 찾아 읽고 검토하라'거나 '반드시 해야 할 질문을 미리 작성해 두어라'는 대목은 이의가 있을 수 없다. '맨땅에 헤딩'이 기자의 숙명이고, 유능한 기자는 직관을 가지고 즉흥적으로 취재하고 인터뷰해도 훌륭한 기사를 작성할 수 있다고 믿는 건 '쌍팔년도'의 얘기다. 그렇게 해서 혹여 얻는 것이 있다면 잃는 것도 적지 않을 것이다. '인터뷰할 대상자의 스케줄에 맞추어 인터뷰할 날짜와 시간을 결정해라'는 부분은 상식처럼 들리겠지만 그 중요성을 간과하는 경우가 의외로 많다.

가장 곤란한 경우는 기자가 마감 시간에 맞추어야 하기 때문에 인터뷰 대상자가 원하는 시간에 만나기 어려울 때이다. 이럴 때도 기자는 최대한의 예의, 기본적으로는 호의를 가지고 인터뷰 대상자의 양해를 얻어야 마땅하다. 그러나 적지 않은 수의 기자가 인터뷰 대상자에게 자신의 편의에 따라 움직여주기를 기대한다. 한국에서 기자가 인터뷰 대상을 압도하는 이른바 '갑'의 위치에서 활동하던 시대는 지나간 지 오래임에도 불구하고 말이다. 사실 어떤 스포츠 저널리즘도 인터뷰 대상자들의 호의와 헌신하려는 태도 없이는 온전히 기능하지 못한다. 기자가 강요한다고 해서 인터뷰에 '어쩔 수 없이' 응할 이유는 없다. 인터뷰 대상자에게는 말하지 않을 권리 뿐 아니라 강요당하지 않을 권리도 있다.

존중

스포츠 기자는 상식의 기반 위에서 최대한 예의와 인내심을 발휘해야 한다고 교육받는다. 스포츠 분야의 취재원들은 베테랑 직업 선수이거나 아주 어릴 때부터 스타로 이름을 알린 선수가 아니라면 미디어 인터뷰에 익숙하지 않은 경우가 적지 않다. 대학 초년생 선수 또는 프로나 실업팀의 새내기 선수들은 언론과의 접촉 기회가 많지 않았을 것이기 때문에 상당히 위축되고 경직된 자세로 인터뷰에 응할 가능성이 크다. 이럴 경우 스포츠 기자들은 답답함을 자주 느끼고 때로는 강요하듯 강압적이거나 진술을 빼앗는 듯한 질문으로 상황을 더욱 악화시키는 수가 있다.

『스포츠 기자 핸드북』이 소개하는 유진 웹과 제리 샐런식의 언급은 기자들이 기억해 두어야 할 내용이다. 1966년 공동 연구한 저널리즘 관련 논문(『The Interview, or The Only Wheel in Town』)의 첫 장 '인터뷰 기법(The art of the interview)'에서, 인터뷰 대상자가 답변을 하는 데 여러 가지 문제가 있을 수 있다고 지적하면서, 문제점을 다음 네 가지를 예로 들었다.

첫째, 잠재적 소스인 인터뷰 대상자가 원하는 정보를 모르고 있을 수 있다. 둘째, 소스인 대상자가 원하는 정보를 알고 있고 밝힐 뜻도 있으나 그것을 제대로 표현할 능력이 없을 수도 있다. 셋째, 소스인 대상자가 의향은 있으나 밝히기를 원하지 않을 수도 있다. 넷째, 소스인 대상자가 의향은 있으나 필요한 정보를 잊어버려서 밝힐 수 없는 경우도 있을 것이

다.[09]

첫 번째의 경우라면 기자로서도 달리 방법이 없다. 이럴 때 기자는 인터뷰 대상자와의 대화를 통하여 대안을 찾으려 할 것이다. 인터뷰 대상자는 기자가 자신을 통해 알고 싶어 한 내용을 알 만한 다른 취재원을 생각해 낼 수도 있기 때문이다. 기자는 설령 원하는 정보를 가지고 있지 않은 취재원임을 확인한 다음에도 쉽게 그와 헤어지지 않는다. 대화 도중에 다른 누군가를 만나 물어보면 되겠다는 영감을 얻는 수도 있을 것이고 취재가 상당히 진행된 다음에는 취재원이 가진 다른 종류의 정보가 필요해질 수도 있다.

질문의 방향을 전환하여 원하는 정보의 윤곽만이라도 파악하거나 대화중에 떠오른 다른 의문과 궁금증, 호기심을 풀어볼 수도 있다. 기자는 이런 방법으로 낭패라고 생각했던 상황에서 망외(望外)의 소득을 얻는 경우도 허다하다. 양식이 있는 기자라면 어떤 경우에라도 원하는 정보를 말할 수 없는 인터뷰 대상자를 상대로 역정을 내거나 인격적으로 모욕을 하지는 않을 것이다. 속으로는 '그런 것도 모르느냐'고 짜증을 내고 싶을지 모르지만 적어도 겉으로는 정중하고 "귀중한 시간을 할애해 주셔서 감사합니다."라고 말하면서 한 걸음 물러나는 것이 보통이다.

---

09 Thomas Fensch, 『스포츠 기자 핸드북』, 1997, 19쪽.

"왜"

스포츠 기자는 경기 취재를 자주 (어쩌면 주로) 하게 된다. 스포츠 현장에서는 예측하지 못한 일이 빈번하게 발생한다. '각본 없는 드라마'라는 표현이 말해 주듯 경기의 결과는 예측하기가 어렵다. 축구 경기를 취재할 때, 전반을 2:0으로 앞선 팀이 후반에 세 골을 내주고 역전패하는 경우가 흔하다. 축구 경기의 흐름은 다양한 이유 때문에 반전되기도 한다. 선수 교체나 위치 변경, 감독의 작전 변경, 예상치 않았던 중심 선수의 부상 등은 갑작스럽게 경기 내용을 뒤바꾸는 주요 요인이다. 또한 승리를 낙관한 한쪽 팀의 선수들이 전염병에라도 걸린 듯 느슨한 플레이를 하다가 경기의 주도권을 상대팀에 넘겨주고 그 기세에 밀려 속절없이 역전패를 당하는 예가 허다하다.

이런 경기를 보도할 때 기자는 경기의 흐름을 정확하게 기사로 작성해 독자에게 전달해야 할 뿐 아니라 그 이유도 설명할 수 있어야 한다. 기자가 상당한 수준의 전문적 식견을 가지고 있다고 해도 일방적인 분석으로 기사를 시종한다면 설득력 있는 기사가 되기 어렵다. 기사의 충실함과 입체감, 생동감 등 고급한 기사의 조건을 충족할 수 없기 때문이다. 따라서 그 날 경기를 한 선수와 감독, 주변 전문가들의 시각을 반영할 필요가 있다. 그렇기 때문에 기자들은 경기가 끝난 다음 바로 기사를 쓰기보다는 공식 기자회견에 참석하거나 현장 인터뷰를 시도한다. 이 경우에 기자의 질문은 구체적이어야 하고, 그 원인을 알아내기 위해 '왜'라는 질문을 던져야 한다.

예를 들어 '백두산'이라는 팀의 선발 멤버로 출장해 잘 뛰던 A라는 선수가 다른 선수와 교체돼 나간 다음 전세가 기울어 결국 경기에서 졌다고 하자. 기자는 아주 뛰어난 식견을 갖추지 않았더라도 A가 빠진 뒤 '백두산' 팀이 고전했다는 사실을 알 수 있다. 하지만 왜 그랬는지, A가 물러난 다음 '백두산' 팀에는 어떤 부정적인 변화가 있었는지, A 대신 들어간 선수의 역할이 어땠는지 정확하게 알려면 인터뷰가 필요하다.

기자의 해당 종목에 대한 지식과 안목이 매우 뛰어나 상황 전체를 꿰뚫어볼 수 있다고 해도 지면에 기자의 일방적인 주장만을 담는 일은 바람직하지 않다. 특정한 사안에 대해 반대 의견이 있다면 마찬가지로 찬성의 의견도 있기 때문이다. 찬반양론을 균형 있게 기사에 반영하는 것은 객관적인 스포츠 보도 기사 작성에서 기본이다.

독자는 정보를 얻기를 원하는 한편 납득하고 공감하고픈 소재에 목말라 있다. 이러한 요구에 부응하는 기사를 쓰기 위해서는 입체적인 설명을 더할 필요가 있다. 이때 가장 중요한 절차가 경기에 출전한 선수나 감독과 하는 인터뷰이다. 기자는 당연히 감독에게 '왜'냐고 물을 것이다. 왜 A를 교체해 불러들였는지, 뭐가 문제였고 왜 그런 문제가 생겼다고 생각했는지, 나아가 왜 A가 그런 문제의 원인이었다고 생각했는지 물을 것이다. 또한 '백두산' 팀의 선수들이 이 같은 감독의 판단에 대해 어떻게 생각하는지도 알아 두려 할 것이다. 기자는 이 인터뷰를 설령 당일에 기사로 옮길 필요가 없다고 해도 긴 호흡으로 '백두산' 팀의 상황에 주목하면서 착실히 기록해 두면 나중에라도 반드시 이때의 인터뷰 내용을 참고할 기회가 올 것이다.

펜시는 다음과 같이 설명하고 있다.

인터뷰 대상자가 자신의 입장이나 신조, 중요한 선택 등에 대해 설명
하도록 해야 한다. 왜 그렇다고 믿는가? 이번이 선수로서 가장 좋은 기량
을 발휘한 최상의 시즌이었다면 그 이유는 무엇인가? 이 팀이 지난해보다
나은 실적을 보인 이유는 어디에 있는 것인가? 자신의 코치 방식이 상대
팀보다 낫다고 믿는다면 그 이유는 무엇인가? 이처럼 이유를 캐묻는 질문
외에도, 어떻게 해서 그렇게 되었는지 과정을 확인하는 질문도 역시 중요
하다. 프로 선수들은 쉽게 흥분하거나 지나치게 과묵한 성격 탓으로 어떤
결과가 빚어진 이유를 정확하게 설명하지 못하는 경우가 있다. 가령 독특
한 골프 스윙이나 트레이드마크처럼 된 특정한 스타일을 몸에 익힌 이유
나 또는 특정한 시점에서 특정한 플레이를 펼친 이유 등을 제대로 설명하
지 못하는 것이다. 그럴 때는 이렇게 묻는 것이 효과적일 것이다. "당신의
스윙 폼을 나에게 한 번 보여 달라… 그때 어떻게 했는지 한번 시범을 보
여 달라… 어떻게 해서 그렇게 하게 되었는가?" 상대방의 시범을 살펴보
면 그가 설명하지 못하는 이유를 알아내는데 도움이 될 수 있다.[10]

준비

인터뷰는 사전조사에서 시작된다. 대부분의 기자들이 인터뷰에 앞서
인터뷰이와 관련된 묵은 자료나 자료, 기본적인 사실 등을 확인한다. 짧

---

10 Fensch, 1997, 20~21쪽.

은 시간에 수많은 조사를 해치우는 기자들의 능력은 가히 초인적이다. 기자들은 가능하면 풍부한 자료를 섭렵하고 세심하게 자료를 분류하며 숙지한다. 그럼으로써 얻게 되는 효과는 적지 않다. 우선 인터뷰이에게 는 '아, 이 기자는 나에 대해 많은 것을 알고 있다'는 인상을 심어준다. 그 럼으로써 기자는 부드러운 분위기 속에 다소 예민한 문제에 대해서도 질문하고 답변을 들으며 깊은 대화를 시도할 수 있다. 물론 기자들에게 는 직접 기사를 쓸 때 풍부한 자료로서 활용될 것이다.

기자들은 일단 출신지나 출신학교, 가족관계 등 취재원과 관련한 기 초적인 정보를 확보하고 있는 사람들이라고 생각하면 정확하다. 때로는 깜짝 놀랄 만큼 사소한 내용에 대해서까지 알고 있을 수도 있다. 때로는 인터뷰이의 귀가 솔깃할 만한 정보를 준비해서 감동을 주고 '같은 편'이 라는 느낌을 주기도 한다. 그러나 분명한 것은 기자들은 결코 친구가 아 니고 인터뷰이로부터 보다 깊고 정확한 정보를 뽑아내는 일을 목적으로 한다는 사실이다. 잘 훈련된 기자가 인터뷰이에게 던지는 질문들은 설령 지나가는 말처럼 느껴질지라도 인터뷰이를 만나기 전에 이미 충분히 그 내용과 순서를 검토한 경우가 대부분이다.

주소록

모든 기자는 유목민이기도 하고 농민이기도 하다. 언제나 새로운 이 슈를 좇아 끝없는 길을 걸어가야 하는 존재인 동시에 기자라는 숙명으 로부터 자유로울 수 없다. 그런데 스포츠 기자는 사회부 기자와 달리 사막의 오아시스에 고립된 것 같은 느낌에 자주 사로잡힌다. 무슨 뜻이냐 하면, 취재 범위 안에 있는 인물과 환경에 변화가 적다는 것이다. 종목의 차이는 있을지언정 스포츠 기자가 취재하는 대상은 사건을 취재하는 사회부 기자의 취재원처럼 변화무쌍하지 않다. 스포츠 기자가 낯선 인물을 취재하게 되는 경우는 새롭게 스포츠 분야에 발을 들여놓은 관계자들이나 외국인을 인터뷰할 때뿐이다. 이번 달에는 입시 부정을 파헤치고 다음 달에는 빈민촌의 실상을 르포하는 사회부 식의 수렵형 취재는 스포츠 기자에게 흔히 주어지는 임무도 아니고 기회도 많지 않다. 이런 이유로 인해 스포츠 기자는 취재원들에 대해 상당히 시시콜콜하게 알게 되고 이 세세한 이해가 때로는 취재를 어렵게 만드는 경우도 있다.

취재원과의 인간관계는 아주 미묘한 것이다. 그러나 스포츠 기자가 인터뷰를 함에 있어 세세한 부분에 대해서도 소홀해서는 안 된다는 진리에는 변함이 없다. 취재원의 주소와 전화번호, 이메일 주소 같은 연락처는 언제나 가장 최근의 것으로 정리되어 있어야 한다. 늘 만나는 취재원이라 하더라도 그 때마다 확인해 두는 것이 좋다. 성공한 사람들을 취재하다 보면 그들이 가진 기자의 명함이 기자가 가진 그들의 명함보다 많다는 사실을 알게 될 것이다. 연락처의 용도는 다양하다. 새 기사를 취재하기 위한 인터뷰 때도 필요하지만 인터뷰를 마친 다음 부족한 부분을 보충하거나 인터뷰를 기획할 때와는 다르게 변한 주변 상황 또는 인터뷰 대상자의 신변 변화가 있을 때도 반드시 인터뷰를 보충하고 기사를 수정해야 할 경우가 흔히 있기 때문이다. 솔직히 말해 두세 가지 보충 질문 때문에 인터뷰 대상자를 다시 찾아가야 한다면 몹시 귀찮고 수

고로운 일이다. 이런 수고를 아끼려면 인터뷰 대상자의 전화번호를 알아 두어야 한다. 공개되지 않은 전화번호라면 다른 사람에게 알리지 않겠다고 약속해야 하고 또 그런 약속은 지켜야 한다.

더 많이, 더 꼼꼼하게

인터뷰를 할 때 인터뷰 대상자 한 사람만 인터뷰하는 일은 매우 게으른 행동이다. 할 수만 있다면 보다 많은 사람을 접촉하여 입체적인 정보를 확보해 두어야 한다. 고등학교 졸업반 선수 가운데 아주 전도가 유망한 선수가 있다면, 그 선수만 인터뷰하는 것으로는 부족하다. 그를 선수의 길로 들어서게 한 지도자나 담임교사가 있을 수 있다. 공부를 시키는 대신 운동을 시킨 부모의 생각도 들어볼 필요가 있다. 동료 선수들은 그에 대해 어떻게 생각하는지? 현재 지도하는 코치나 감독은 앞으로 이 선수를 어떻게 지도할 것인지? 라이벌 팀의 선수나 지도자는 이 선수를 상대로 경기할 때 어떤 어려움을 겪을 수밖에 없는지, 그 이유는 무엇인지? 기자가 물을 수 있고 물어야 할 항목은 일일이 헤아리기조차 쉽지 않다. 그러나 어떤 경우에라도 그 선수만 달랑 불러내어 그 날 경기를 마친 소감을 묻고 앞으로의 포부나 들은 다음 인터뷰를 마무리하는 일은 없어야 한다. 그 선수가 지닌 가능성이 크고 깊고 다양한 만큼 인터뷰 내용과 방식도 다양해야 하는 것이다.

우리 나이로 일흔. 손자 재롱 보는 낙으로 살 나이다. 그런데 이 할아버지, 울긋불긋한 옷을 입고 손자뻘 되는 청춘들과 함께 노래를 부르고 함성을 지르는 낙으로 산다.

장종수(69)씨는 축구판에서 인정하는 '국내 최고령 서포터'다. 프로축구 FC 서울의 공식 서포터스 모임인 '수호신' 회원인 그는 지난 5년간 FC 서울의 경기를 한 번도 빠지지 않고 경기장에서 봤다. 상암동 서울월드컵경기장에서 열리는 홈경기는 물론이고, 대구·부산·광주에다 바다 건너 제주까지 원정 서포팅에 빠지는 법이 없다. 이뿐만 아니다. 2006년 독일 월드컵 이후 국가대표팀 경기는 국내와 해외를 막론하고 개근했다. 물론 6월 12일 개막하는 2010 남아공 월드컵에도 그는 태극전사를 응원하러 간다. 그에게 축구는 여가가 아니라 삶 자체다.

장씨는 지난 23일 광주월드컵경기장에서 열린 프로축구 FC 서울과 광주 상무의 경기를 다녀왔다. 단관(단체관람) 버스를 타고 내려가 경기를 보고 다시 버스로 올라왔다. 집에 도착하니 새벽 3시였다. 간단히 샤워를 하고 옷을 갈아입은 후 김포공항으로 출발했다. 도쿄행 비행기를 타기 위해서였다.

24일 밤 한·일전이 열린 사이타마 스타디움에서 그는 1000여 명의 한국 응원단과 함께 목청이 터져라 "대~한민국"을 외쳤다. 경기도 2:0으로 기분 좋게 이겼고 응원에서도 대한민국은 6만의 일본 응원단을 압도했다. 밤늦게 숙소로 돌아온 그는 잠깐 눈을 붙인 뒤 아침 일찍 나리타공항으로 출발했다.

"힘들지 않으십니까."라고 물었다. "물론 힘들지요. 그런데 우리가 이겼잖습니까. 이기고 나면 엔도르핀이 마구 솟아나는지 피곤한 줄도 몰라요. 며칠 동안 골 장면이 눈앞에 어른거려 실없이 웃곤 합니다. 물론 경기에 지면 며칠간은 잠을 청하기가 어렵죠."

장씨는 축구 응원이 매우 강한 중독성이 있다고도 했다. 해외 원정은 무박2일, 심지어 무박3일의 강행군일 때가 많다. 중동이나 중앙아시아 원정 경기의 경우 밤새 비행기를 타고 10시간 가까이 날아가 현지에 도착, 간단히 요기를 한 뒤 경기장으로 가서 현수막을 펼치고 응원 준비를 한다. 경기가 끝나자마자 공항으로 출발해 다시 밤 비행기를 타야 한다. "비행기 안에서 몇 시간씩 꼼짝 없이 좁은 좌석에 앉아 있는 것도 힘들고, 무거운 장비를 들고 이동하는 것도 쉬운 건 아니지요. 응원을 마치고 나면 몸이 녹초가 되는 경우가 많아요."

'왜 이 고생을 사서 하나' 싶은 생각이 들다가도 경기 날짜가 돌아오면 '이거 내가 안 가면 안 되는데'하면서 주섬주섬 응원 장비를 챙기게 된다는 것이다. 장씨는 "누가 돈을 주고 이 일을 하라고 하면 몇 백만 원을 준다고 해도 못할 겁니다. 내가 좋아서, 안 가면 안 될 것 같아서 하는 거죠."

그는 서포팅이 건강에도 좋다고 예찬론을 폈다. "젊은 친구들과 함께 두 시간 내내 서서 발을 구르고 소리를 지르며 박수를 치면 운동량이 상당합니다. 집에 있는 것보다 이렇게 밖에 나와서 여러 사람들과 함께 응원하다 보면 스트레스도 풀리고 정말 좋다니까요."

50년 넘게 서울에서 살고 있는 장씨는 TV가 없던 시절 라디오로 축구 경기를 들으며 경기 장면을 상상하던 축구광이었다. 1950년대부터 A매치를 보러 다녔다는 그는 당시 최고의 센터포워드 최정민 선수의 플레이를 생생하게 기억한다.

"그때는 선수들이 헤딩하는 법도 제대로 몰랐죠. 무조건 공을 높이 멀리 차면 좋은 줄 알았으니까요. 그런데 최정민 선수는 공 다루는 솜씨가 확실히 달랐어요. 그 선수가 골을 넣을 때마다 관중이 엄청나게 환호했던 기억이 납니다."

1983년 프로축구가 생기면서 그는 축구에 대한 목마름을 해소할 수 있었다. 매주 열리는 프로축구 경기를 보기 위해 전국 방방곡곡을 다녔다.

그러다가 '최정민의 데자뷰'를 만났으니 그가 바로 박주영(25·AS 모나코)이었다.

"2004년 10월 말레이시아 쿠알라룸푸르에서 열린 아시아청소년축구대회 결승에서 박주영 선수가 중국 선수 다섯 명을 올챙이 몰듯 몰고 다니다가 골을 넣었잖습니까. 그 장면을 보고 심장이 뛰었어요. '야, 우리나라에도 저런 선수가 나왔구나' 감탄을 하면서 곧바로 팬이 됐죠."

박주영이 2005년 FC 서울에 입단하면서 장씨는 서포터스로 가입해 활동하게 된다. A매치 해외 원정을 따라 나서게 된 것도 박주영이 국가대표로 활약하면서부터다. 그래서 그의 별명은 '주영이 할아버지'다.

"주영이 사진을 티셔츠에 커다랗게 인쇄해서 입고 다녔더니 지나가던 사람들이 수군수군 하더라고요. A매치 때는 주영이 걸개그림을 경기장에 걸려고 하다가 못 하게 막는 사람들과 승강이도 많이 했어요."

박주영이 AS 모나코에 입단한 뒤 아랍에미리트(UAE) 두바이에서 A매치가 열렸다. 장씨는 어렵게 구한 AS 모나코 유니폼을 입고 응원을 했다. 그걸 본 박주영이 달려와 "할아버지 언제 오셨어요. 그 유니폼은 어디서 사셨어요."라며 반가워서 어쩔 줄 몰라 하더란다.

장씨의 휴대전화에는 귀여운 박주영 캐릭터가 그려진 휴대전화 고리가 달려 있다. 그는 자비로 '박주영 핸드폰 고리'를 2000개 구입했다. 경기장에 박주영 유니폼을 입고 오는 아이들에게 "우리 주영이 응원 많이 해줘"라며 하나씩 나눠준다.

우리 사회에는 '나이에 맞게 행동해야 한다'는 암묵적 통념이 있다. 젊고, 튀고, 활동적인 행동을 나이든 사람이 하면 당장 '채신머리없다'는 싸늘한 반응이 돌아온다. 장씨도 처음 서포터 활동을 할 때 고민이 많았다고 한다. "나처럼 나이 많은 사람이 울긋불긋한 유니폼 입고 설쳐대면 주위에서 뭐라고 할까, 젊은 사람들과 제대로 어울릴 수는 있을까 걱정이 많

앇죠. 그런데 우리 회원들이 '열정만 있으면 됩니다'라고 용기를 주더라고
요. 그래서 시작하게 됐죠."

지방으로, 해외로 축구 경기를 보러 쫓아다니는 그를 두고 '돈 많고 여
유 있는 노년'이라 짐작할 수도 있겠다. 장씨는 젊은 시절 의류 사업과 레
스토랑 운영 등으로 돈을 좀 벌긴 했다. 하지만 가정사는 순탄하지 않았
다. 20여 년 전 부인과 사별했고, 지난해는 유일한 혈육인 딸도 먼 나라로
떠나보냈다. 지금은 서울 변두리에서 강아지 한 마리와 함께 산다. 외로움
을 쫓아버리려고 더욱 축구에 매달리는지도 모른다.

장씨는 "우리 세대는 먹고살기 바빠 젊었을 때 자신만의 취향이나 취
미를 가질 엄두를 못 냈죠. 그래서 젊은 층과 틈새가 더 벌어졌는지도 모
르지요. 하지만 지금 40~50대들이 노년이 되면 지금과는 많이 다르겠죠."
라고 말했다.

그는 '클린 서포팅'을 지지한다. 축구 응원 문화가 지나치게 과격해지
는 건 좋지 않다는 것이다. 그는 FC 서울 유니폼을 입고 라이벌 팀 구장에
갔을 때 손자 같은 상대 서포터로부터 험한 욕을 듣기도 했다고 한다.

"우리 팀에 불리한 판정이 나왔을 때 '심판 눈 떠라'고 하는 정도는 애
교로 봐줄 수 있죠. 그런데 상대 팀이 조금 거친 플레이를 했다고 해서 '그
따위로 축구 하려면 나가 뒈져라' 노래를 부르는 건 아니라고 봐요. 축구
장에는 가족 단위로 오는 분도 많잖아요."

장씨는 6월 10일 남아공 출발을 앞두고 마음이 설렌다. 홍콩을 거쳐
남아공까지는 20시간이 넘는 여정이지만 두렵지 않다. 현지 치안이 워낙
불안하니 몸조심하시라는 권고에도 "다 사람 사는 곳 아니겠어요. 단체로
움직이면서 돌출 행동만 하지 않으면 큰 문제없다고 봐요."라고 했다.

장씨는 인터넷을 통해 이청용의 소속팀 볼턴 유니폼을 찾고 있다. 박주
영과 기성용(스코틀랜드 셀틱) 유니폼은 갖고 있으니 이청용 것만 구하면 월

드컵 조별예선 3경기에 차례로 입고 나갈 거란다. 열정은 나이를 거꾸로 먹게 한다.[11]

이 기사를 쓴 기자는 젊은이들 못잖은 열정을 가지고 축구 대표 팀 응원을 다니는 축구 애호가 장종수 씨를 인터뷰했다. 잘 정리된 기사이다. 인터뷰는 오직 장종수 씨만을 대상으로 했다. 우리는 이 인터뷰 기사를 통해 장종수라는 개인이 얼마나 축구에 빠져 지내는지 알 수 있다. 축구광이 된 동기도 알 수 있고, 축구 응원을 다니는데 어떤 노고가 필요한지도 잘 알 수 있다. 그렇지만 69세의 나이로 10대 또는 20대가 대부분일 듯한 축구 응원단에 끼여 응원하는 일은 예사롭지 않다는 점에서 주변에 그의 모습이 어떻게 비치는지, 젊은이들과 어울려 응원을 다니고 관중석에서 함께 응원하면서 겪게 되는 부조화나 갈등 같은 것은 없는지, 요컨대 밖에서 장종수 씨를 바라보는 시각과 그 시각에서 본 장종수 씨의 실루엣은 전혀 알 수가 없다. 이 같은 부분을 약점으로 지적할 수는 없다. 왜냐하면 사실 이 기사에서 기자는 장종수 씨 개인의 삶과 내면을 보여주는 것만으로도 베테랑 서포터의 펄펄 끓는 듯한 체온을 충분히 실감할 수 있다고 판단했을 수도 있다. 그러나 기자가 본 장종수 씨의 모습과 10대 또는 20대 축구광이 바라본 모습은 같지 않을 것이다. 다음의 기사는 어떨까.

---

11 중앙 SUNDAY, 2010. 5. 30.

'칭기즈칸의 나라' 몽골에서 온 소년들이 한국에서 농구 선수의 꿈을 키워가고 있다. 동국대 농구팀의 이성(19)과 이용(18)은 몽골 출신이다. 이들의 외모는 함께 뛰는 동료들과 다를 바 없다. 그러나 이들은 한국에서 나고 자란 농구 선수들과는 다른 사연을 갖고, 또 다른 꿈을 안은 채 땀을 흘리고 있다.

3일 동국대 체육관에서 이용을 만났다. 대부분의 운동선수가 훈련 도중 잠시 인터뷰를 하면 "훈련에서 빠지게 이야기 좀 오래 하면 안 되느냐."고 애교 섞인 '민원'을 넣기 일쑤인데, 이용은 다소 어눌한 한국말로 또박또박 대답을 하면서도 연신 코트만 바라봤다. 몇 마디 나누지 않았는데 '이제 훈련하러 가도 되느냐'는 눈빛이었다. 서대성 동국대 감독은 "이용과 이성 모두 농구에 대한 열정이 있고 뚜렷한 목적이 있는 게 남다르다."고 말했다. 이날 이성은 할아버지가 위독하다는 소식을 듣고 며칠간 몽골에 다녀오느라 자리를 비운 상태였다.

이용은 '연습생' 신분이다. 아직 한국 국적을 취득하지 못해서다. 2007년 한국에 온 그는 2010년까지 만 3년 이상을 거주해야만 한국 리그에서 뛸 수 있는 자격을 갖추게 된다. 한국 국적을 따려면 만 5년 이상 거주해야 한다. 현재 대진고 2학년 신분인 이용은 2011년 동국대에 입학하면 그때부터 대학리그에서 뛸 수 있다. 아직 경기에 나설 수 없지만 그는 동국대에서 함께 훈련하고, 또 경기를 지켜보면서 연일 땀을 흘리고 있다. 이용은 키가 1m97㎝나 되지만 빠르고 유연하다. 아직 연습생이라 유니폼 상·하의의 번호도 다르다. 그러나 2년 후면 프로팀 스카우트의 시선을 사로잡을 재목이다.

서 감독은 이용의 가능성을 높이 평가했다. 그는 "용이가 정식으로 한국 무대에서 뛰려면 아직 2년이 더 필요하다. 그동안 여유 있게 여러 가지를 더 가르칠 수 있을 것 같다. 한국 문화에도 빨리 적응하고 있다."고 말했다. 이용은 키가 1m97㎝라 센터로도 뛸 수 있는 신장이지만 스피드가 있고 드리블과 슛을 좋아하기 때문에 다양한 포지션을 소화할 수 있을 것으로 보인다. 서 감독은 "장신 가드나 슈터로 키운다면 더 큰 경쟁력이 생길 것"이라고 말했다.

이용은 "프로 선수가 되고 싶다. 김승현(오리온스)의 화려한 플레이를 제일 좋아한다."면서 "한국에서 농구도 잘하고 돈도 많이 버는 게 꿈"이라고 웃었다. 아직 경제적으로 크게 발전하지 못한 몽골에서는 한국 프로농구 선수가 받는 연봉(1군 최저연봉 3500만원)이 큰돈이다.

부모가 모두 몽골 사람인 이용과 달리 이성은 어머니가 중국동포라 귀화 과정이 좀 더 수월했다. 이성은 2006년 한국에 와서 2007년 한국 국적을 취득했다. 그는 강원사대부고를 거쳐 올해 동국대에 진학했다. 이성은 고교 시절부터 미리 주목받았다. 키 1m98㎝의 포스트 플레이어로, 미들슛과 리바운드가 좋다. 그는 지난해 강원사대부고에서 뛸 때 약체로 평가됐던 팀을 전국체전 8강에 올려놓으며 농구인들 사이에서 이름이 오르내리기 시작했다.

이성은 프로에서 자리를 잡은 후 몽골에 있는 어머니와 남동생을 한국으로 불러 함께 사는 게 꿈이다. 그는 몽골의 수도 울란바토르에서 기차로 14시간이나 떨어진 샨샨드시 출신이다. 일곱 살 때 아버지가 세상을 떠난 뒤 계속 집안 형편이 넉넉하지 못했다고 한다. 농구를 곧잘 하던 이성은 몽골 대표 팀 감독을 맡고 있는 박성근 전 성균관대 감독의 눈에 들어 한국 땅을 밟게 됐다. 2007년 한국으로 건너 올 때 "꼭 성공해서 다시 만나자."며 어머니와 함께 펑펑 울었다고 한다. 꼭 성공하겠다는 뜻으로 이름도 '성(成)'이라고 지었다.

몽골에서는 농구가 국민적인 인기를 얻고 있다. 자국 프로리그는 없지만 열악한 환경에서도 누구나 농구를 직접 즐긴다. 한적한 평원에서 양을 치던 소년들이 나무줄기에 철사로 림을 만들고, 짚 같은 재료를 이용해서 만든 공으로 골을 넣는 게임을 즐기는 게 다반사다. 이런 풍경들은 이성과 이용이 한국으로 오는 데 다리를 놓았던 박성근 감독이 전한 이야기다. 서대성 감독은 "유목민의 후예라서 그런가. 정말 자유분방하더라."고 웃으면서 "몽골에서 했던 것과는 비교도 안 될 만큼 고된 훈련에 많이 힘들어하고 있다. 이런 생활에 적응을 하도록 만들어야 한다."고 말했다.

서 감독은 이들에게 갖가지 벌을 주면서 규율에 적응하도록 만드느라 애를 먹었다고 했다. 이성과 이용이 가장 무서워하는 벌은 '휴대전화 압수'다. 여느 학생들과 다를 바 없다. 한국 생활에 적응하는 게 쉽지 않지만 몽골 출신의 친구와 함께 있다는 게 큰 의지가 되고 있다. 이들은 꾸중을 듣거나 경기가 잘 안 풀리는 날이면 숙소 옥상에 올라가 "잘해 보자"고 서로를 위로하곤 한다. 몽골의 가족과 친구들이 보고 싶을 때는 PC방에서 e-메일을 보내며 향수를 달랜다고 했다. 꿈을 이야기할 때는 진지해도 좋아하는 음식과 연예인 이야기를 할 때면 천진난만하게 활짝 웃는 게 영락없는 10대 소년이다. 이용은 좋아하는 음식을 묻자 "카레와 삼겹살이다. 내가 좀 많이 먹는다." 면서 밝게 웃었다. 동국대 관계자는 "내륙 지방인 몽골 출신이라서 그런지 육류를 무지 좋아한다. 반면 생선회는 입에도 못 댄다."고 전했다.

이용은 좋아하는 연예인을 묻자 "손담비"라고 대답하면서 수줍게 웃었다. 몽골에서 한국 드라마의 인기가 높은데, 이용은 그중에서도 '미안하다 사랑한다'를 제일 재미있게 봤다고 했다. 이용은 요즘 하이틴답게 장난기가 가득하다. 그의 누나는 올해 스물여덟로, 몽골항공사에서 승무원으로 일한다. 이용이 한국에 올 때 뒷바라지를 해준 은인이 있다. 홍대부고와 동국대에서 농구를 하다 출가한 성국 스님이다. 성국 스님 때문에 불교 재단인 동국대와 인연이 닿았다. 성국 스님은 "하루는 '나도 싱글이다. 누나

를 소개해 달라'고 농담을 했더니 숨도 안 돌리고 '누나는 나이 차가 커서
안 되고, 어머니는 소개해 줄 수 있다'고 하더라."며 껄껄 웃었다.

몽골에서는 한국을 '솔롱고스'라고 부른다. '무지개의 나라'라는 뜻이
라고 한다. 이성과 이용은 오늘도 '무지개의 나라'에서 프로 선수가 되는
꿈을 꾸고 있다.[12]

먼 나라 몽골에서 온 청년들이 한국의 한 대학교 농구팀에서 운동하
며 미래를 향해 꿈을 키운다는 기사는 소재 자체가 흥미롭다. 기자는 이
선수들을 인터뷰하면서 주변 인물들에 대해서도 충분한 인터뷰를 함으
로써 기사의 내용을 풍요롭게 받쳐 내고 있다. 서대성 동국대 농구부 감
독, 아마도 체육부 직원일 '동국대 관계자', 몽골에서 일하면서 이들을
한국에 소개한 박성근 전 성균관대 농구부 감독, 이들이 한국에 올 때 뒷
바라지를 해준 성국 스님 등을 인터뷰했다. 아마 이 기자는 가능하기만
했다면 몽골에 있는 두 선수의 부모도 인터뷰했음직하다. 아무튼 취재
기자 입장에서 코멘트를 들어볼 만한 대부분의 인물들을 인터뷰했다. 함
께 뛰는 동료 선수들과 농구 전문가들의 평가를 곁들였다면 금상첨화였
겠지만 아쉽게도 빠졌다. 다채로운 인물을 인터뷰함으로써, 농구로 성공
하기를 꿈꾸며 한국에 온 몽골 청년들의 삶은 아주 입체적으로 독자들
에게 제시되었다. 크고 작은 에피소드들은 청년들의 내면을 들여다보게
해주고, 감독의 말은 이 선수들이 가진 가능성의 크기를 짐작하게 해준

---

12   중앙 SUNDAY, 2009. 9. 6.

다. 어떤 경우에라도 인터뷰 대상자 뿐 아니라 그 주변에 대해서도 폭넓
게 인터뷰해 두는 자세는 기자가 좋은 기사를 쓰는 데 결코 불리하지 않
은 환경을 제공한다. 시간과 여건이 허락한다면 인터뷰 대상자의 주변을
샅샅이 뒤져 한 마디라도 들어 두는 것이 좋다. 그러면 기사를 쓰는 데
부족함이 없을 정도로 충분하고도 충실한 인터뷰를 했는지 어떻게 알
수 있을까. 방열 교수는 『스포츠 보도론』에서 펜시의 책을 인용하여 다
음과 같은 요령을 제시하였다.

> 이런 의문이 제기될 수 있다. 큼직한 기사를 쓰기에 충분한 정도의 인
> 터뷰를 했다는 사실을 어떻게 확인할 수 있는가? 이에 대한 이상적인 답
> 변은 '한 바퀴 완전히 돌 때까지' 인터뷰를 하라는 것이다. 우선 인터뷰를
> 할 때마다 상대방에게 "내가 또 누구를 만나야 하는가?" 하고 질문을 던
> 진다. 비중 있는 기사를 쓰기 위해 A를 인터뷰하고 A가 B, C, D를 만나
> 야 한다고 말한다면 A를 둘러싼 주변 인물과의 인터뷰는 완전히 한 바퀴
> 돈 셈이 된다. 이쯤 되면 일화 같은 것도 같은 내용을 되풀이 듣게 된다.
> 기사를 쓰기 시작할 시점이 된 것이다. 처음부터 인터뷰 대상자를 예닐곱
> 명 정도로 마음대로 정해 놓는 것은 좋지 않은 취재 관행이다. 여덟 번째
> 나 아홉 번째, 열 번째 사람이 기사 작성에 가장 적합하거나 꼭 필요한 정
> 보를 누가 제공할지 누가 알겠는가?[13]

---

13 방열, 『스포츠 보도론』, 2001, 128쪽.

불가원불가근

'응원단장 같은 말투로 질문하지 마라'는 열 번째 충고는 '많은 취재 원들이 기자가 자신들의 편이 되어주기를 기대한다는 사실을 인식하라' 는 열한 번째 충고와 관련이 있을지 모른다. 펜시는 '응원단장 같은 말투 로 질문하지 마라'는 충고를 하면서, "가령 '정말 멋진 게임이었죠?'라는 식으로 질문을 던진다면 '예'라는 답변 밖에 나올 것이 없다. 이런 답변 이야말로 기사를 쓰는데 거의 도움이 되지 못한다. 질문이 아닌, 말문을 트는 식의 언급이라고 하더라도 이런 투의 첫마디는 서툴고 실속이 없 는 것이다."라고 적었다. 펜시는 마치 한국의 스포츠 현장을 환히 들여다 보고 있기라도 한 듯 이런 충고를 하고 있다.

프로 스포츠가 인기를 끌면서 프로 구단을 출입하는 기자들은 구단 관계자나 선수단과 친밀한 관계를 유지하기 위해 도에 지나친 스킨십을 시도하는 경우가 있다. 필자는 언젠가 농구 경기를 취재하기 위해 나갔 다가 구단 사무실에 들러 차를 마시던 도중에 매우 어처구니없는 대화 를 들었다. 한 기자가 프로 구단 단장을 만나자 "제가 나오기만 하면 이 깁니다. 오늘도 이겼네요. 야, 이거 아주 미치겠네요." 하고 거듭 강조하 였다. 그러자 그 단장은 마지못해 입을 열면서 "자주 취재를 나와 주시면 좋죠."라고 대답하였다. 자신이 취재를 하면 홈 팀이 승리한다고 강조한 그 기자의 의도는 뻔하다. '나를 주목하라, 나는 승리를 가져오는 파랑새 와 같은 존재이니 특별히 대우하라.' 하지만 구단 입장에서 이 기자는 정 말 반가운 존재일까? 혹시 그 반대는 아닐까? 심할 경우 뭔가 딴 생각을 하는 이상한 기자 정도로 치부할 수도 있지 않을까? 이런 기자는 동료 기자와 구단 관계자들 양쪽으로부터 혐오감을 불러일으킬 소지가 있는 인물이다.

취재 기자가 인터뷰 대상자와 같은 편이 될 수만은 없다. 정말이지 많은 코치와 일부 선수들은 기자가 그들 편이 되기를 기대한다는 점을 인식해야 한다. 때로는 그러한 그들의 요구가 당연한 권리인 것처럼 여기는 취재원도 있다. 특히 인기 있는 프로 스포츠 관계자들은 그들의 구단이나 클럽하우스를 방문하는 기자들이 그들 편에 서서 취재하고 기사를 작성해 주기를 강력히 희망하고, 또한 당연히 그래야 한다고 생각하는 경향이 있다. 한때 스포츠 취재 기자로 일한 필자의 경우에도 이런 경험은 드물지 않았다. 그 양상은 매우 다양하여 취재 기자가 의식을 못하는 경우도 허다하다.

필자가 1990년에 프로축구를 취재할 때 H구단을 담당하였는데, 그 구단의 모든 담당자들이 필자를 취재 기자가 아니라 구단의 일원 내지는 상담 보조원 정도로 여기는 듯한 인상을 강하게 받았다. 덕분에 구단의 업무 추진 상황이나 주요한 이슈에 대한 판단 내용을 정확하게 알 수 있었으나 이를 기사로 옮기는 데는 어려움이 따랐다. 주요한 사안들이 자연스럽게 '오프 더 레코드'의 범주에 포함되거나 거의 자동으로 '엠바고'에 걸리는 듯한 갑갑함을 자주 느꼈다. 어느 날 필자의 사무실로 전화를 한 H 구단 관계자가 "우리 허진석 기자님 좀 바꿔 주십시오."라고 말했다가 선배기자에게 혼쭐이 난 적도 있다. 이 어려움을 극복하는 데 상당한 노력이 필요했다. 결국 해법은 원칙의 고수에 있었다. '불가원불가근(不可遠不可近)'의 원칙은 세월이 지나도 변치 않는 가치를 지니고 있다.

언론에 적대적인 태도를 보이는 스포츠 팀 관계자들도 많다. 펜시는 이럴 경우 스포츠 기자는 다음과 같은 최소한 네 가지 대응 방안을 가지고 이런 사람들을 상대할 수 있다고 정리하였다. 첫째, 인터뷰에 나선 취재 기자에게 호전적인 태도를 보일 경우 협상을 벌이는 방법이 있다. 둘째, 코치 대신 보조 코치를 인터뷰하는 방법이 있다. 아니면 본래의 인터뷰 대상자 주변 사람과 인터뷰를 한다. 즉, 일종의 우회 취재인데 이 방법은 임시변통일 뿐 근본적인 해결 방법은 아니다. 감독 대신 코치와 인터뷰해서 원하는 답변을 얻어 내기도 힘들뿐더러 밀도 높은 기사를 작성하는 데도 제한이 따를 수밖에 없는 것이다. 셋째, 경쟁 관계에 있지 않은 언론사의 기자와 취재 메모를 교환한다. 이것도 좋은 방법이기는 하지만 취재원이 "내가 언제 당신에게 이런 말을 했느냐."며 항의할 경우 대답할 말이 많지 않다. 특히 인터뷰는 직접 취재이기 때문에 기자회견과는 다르다. 취재원도 자신의 인터뷰 내용과 인터뷰에 대해 충분히 숙지하고 확인하려는 경우가 자주 있으니까 즐겨 사용할 방법은 결코 아니다. 넷째, 코치의 호전적인 태도를 그대로 기사에 쓰는 것이다. 이 방법은 나름대로 일리가 있고 때로는 효과적일 수도 있다. 그러나 주의할 점은 기사를 쓸 때 가능한 한 정확하게 다뤄야 한다는 점이다. 그래야만 이 기사로 인해 어려움을 겪게 될 때 기자보다는 그 코치 자신에게 근본적인 책임이 있음이 입증된다.

녹음

현장을 취재하고 주요 선수를 인터뷰할 때 취재 기자를 곤혹스럽게 하는 경우 가운데 하나는 기사가 나간 다음 취재원, 즉 인터뷰 대상자가 전화를 걸어와 예상 못한 항의를 할 때이다. 이럴 때 대부분의 취재원들은 "오늘 아침에 나간 기사 잘 읽었다. 대단히 감사한다. 특히 사진이 참 잘 나갔더라. 그런데 기사에 실린 나의 말은 그 의도가 잘못 해석된 것 같다. 나는 절대 이런 뜻으로 말하지 않았다. 이렇게 쓰면 독자들이 나에 대해 안 좋은 생각을 갖게 될 것이므로 정정기사를 원한다."는 식으로 말한다. 이런 경우에 대비해서라도 신문이나 잡지의 기자들은 비록 방송 기사를 쓰지는 않더라도 녹음기, 보이스 레코더, 비디오카메라, 사진기 등의 기초적인 조작법을 익혀 둘 필요가 있다.

라디오나 텔레비전의 뉴스 기자는 대체로 이런 전자기기를 잘 다룬다. 신문기자는 이런 기기 활용에 익숙하지 못한 편이다. 그러나 신문기자들도 성능 좋은 녹음기를 사용하지 않으면 안 될 상황이 많다. 예를 들어 물의를 빚을 만한 문제를 취재할 때는 녹음 인터뷰가 언급 내용의 정확성을 뒷받침하는 확실한 증거가 될 수 있다. 이런 녹음테이프는 또한 완벽하지는 못하더라도 명예훼손 제소에 대항할 수 있는 신빙성 있는 증거 자료가 된다. 인터뷰 대상자가 '와전됐다'는 식으로 발뺌할 때도 반박할 수 있는 확실한 증거자료 구실을 할 수가 있다. 인터뷰를 일단 녹음해 놓으면 마감시간이 늦춰져 당장 기사화할 필요가 없는 때라도 아무런 문제가 없다. 며칠이나 몇 달 아니 몇 년이 지난 뒤라도 그 내용을 손

쉽게 활용할 수 있다.

보이스 레코더나 아날로그식의 테이프를 사용하는 녹음기는 기사의 결점을 보완하는 도구로도 활용할 수 있다. 장문의 기사 초고를 써놓고 보니 너무 단조롭거나 생기가 없고 또 스타일도 마음에 들지 않을 수 있다. 아니면 초점이 분명하지 않거나 스타일 면에서 취약성이 드러날 수 있다. 이럴 경우 초고 내용을 녹음한 다음 가만히 들어보면 보완하거나 다시 써야할 허점이 그대로 드러난다. 인터뷰를 할 때는 일단 녹음기를 준비하고 있어야 한다. 필요할 경우 기자는 녹음기의 활용이 인터뷰를 더욱 정확하고 분명하게 진행하는데 도움이 된다는 점을 충분히 설명해야 한다.

인터뷰 대상자가 녹음기의 사용에 거부 반응을 보인다면 그의 의사를 존중한다. 그러나 그에 앞서 녹음기의 사용이 매우 중요하고 받아 적는 것보다 훨씬 정확하다는 점을 설득해야 한다. 녹음기의 사용을 거부하는 인터뷰 대상자는 많지 않다. 녹음테이프나 파일을 하나 더 복사해 인터뷰 대상자에게 주는 것도 좋은 방법이다. 정확한 인용 보도를 확신시키는 수단이 될 테니 말이다. 사실 한국의 기자들은 녹음기 사용에 대단히 인색한 편이다. 특히 스포츠 기자들은 정도가 심하다. 그 이유는 아마도 경기 현장에서 기사를 작성하여 송고하기까지 허용된 시간이 너무 짧기 때문일 것이다. 그러나 단순한 경기 결과 보도가 유일하게 중요한 업무는 더 이상 아니므로 이 같은 문화도 빠르게 달라지고 있는 것은 사실이다.

필자는 1995년에 미국프로농구의 플레이오프를 취재하기 위하여 휴스턴과 올랜도 등지를 방문한 적이 있다. 경기가 끝난 뒤 거의 모든 기자들이 녹음기를 사용하고 있었다. 필자의 눈에는 매우 생소한 모습이었다. 그들은 기자회견석 앞에 놓인 탁자에 녹음기를 놓아두었다. 자리를 잡지 못한 기자들은 기자회견에 참석한 선수나 감독의 목소리가 흘러나오는 장내 스피커 앞에 녹음기를 가져다 대고 음성을 녹음하기도 하였다. 최근의 취재 현장에서는 녹음기의 사용 빈도가 늘었다. 그 이유는 많은 언론사에서 몇몇 지면이나 보도 공간을 빌어 롱 저널리즘[14]을 추구하면서 인터뷰 내용을 정밀하게 기사에 적용하기 위해서일 것이다. 월간 또는 주간 잡지의 인터뷰 기사라면 보통 원고지로 따져서 최소한 25장 이상의 텍스트를 작성하게 된다. 따라서 이 정도 되는 양을 온전히 취재수첩에 급하게 휘갈긴 메모나 기억만으로 채워내기는 현실적으로 불가능한 일이다.

오프 더 레코드

고통을 수반하지 않는 성취라면 반드시 경계해야 한다. 기자들은 종종 아주 낭패스런 상황에 직면할 때가 있다. 취재원이 아주 쉽게 중대한

---

14 미국에서는 이미 1970년대부터 텔레비전의 도전을 극복하기 위한 전략으로 소위 말하는 '롱 저널리즘(Long Journalism)' 운동이 진행돼 왔다. 파편적 정보 전달로는 전자매체를 당할 수 없다는 자각이 있었기 때문이다. 그래서 뉴욕타임스나 워싱턴 포스트 등 주요 신문은 예외 없이 역사적·사회문화적 문맥을 기사 속에 녹여 독자에게 전달하려 애쓴다. 다양한 관점을 취재해 포함시키는 것은 물론이다. 결과는 1000단어 이상으로 늘어난 장문의 기사들이다(이재경, 중앙일보, 2005. 11. 17).

가치가 있는 정보를 전달하면서 "근데 이건 오프 더 레코드로 해 주세요."라고 말하는 경우가 대표적이다. '오프 더 레코드(off the record)'란 사전적으로 기록에 남기지 않는 비공식 발언이라는 뜻으로, 제보자가 기자를 비롯한 보도 관계자에게 정보를 제공하면서 보도·공표하지 않는다는 조건을 붙이는 일이다. 즉, 제보자의 이야기를 정보로서 참고만 해 두어야지, 기사화해서는 안 된다는 뜻이다. 이런 요구를 받았을 때 기자는 그 발언을 공표하지 않겠다고 약속하거나 자유 또는 취재권(取材權)을 지키기 위하여 이를 거부하거나 양단간에 결정을 해야 한다.

오프 더 레코드는 그 개념이 간결하지만 보도 현장에서는 지키기 어려운 일면이 있다. 인터넷을 통해 쉽게 입수할 수 있는 오프 더 레코드에 대한 정의는 매우 절충적이다. 예를 들어 '네이버'의 '매스컴 용어 사전'에는 "정부기관의 관리가 언론에 어떤 정보를 제보하거나 또는 기자와 회견할 때 그 정보의 배경이나 상황의 이해를 위해서 알려주기는 하지만 그 출처는 공표하지 말도록 약속의 조건을 붙이는 것, 또는 이러한 조건으로 제보하는 정보를 백그라운더(backgrounder)라고 한다. 이와는 달리 그 출처를 밝혀도 좋다고 하면서 알려 준 것은 온 더 레코드(on the record)라고 한다. 오프 더 레코드의 약속은 지키는 것이 취재기자의 기본적 자세이지만 그 정보가 여론의 조작을 위한 것이나 언론의 규제를 위한 것인 경우에는 지키지 않을 수도 있다. 한편 경우에 따라서는 제보자의 언급 중에서 언론에 보도나 인용되지 않은 말을 오프 더 레코드라고도 한다."고 정리돼 있다.

그런데 네이버는 '경제 용어 사전'에서도 오프 더 레코드에 대한 항목을 올려놓고 있다. 여기에는 "기록에 남기지 않는 비공식 발언이다. 소규모 집회나 인터뷰에서 뉴스 자료를 제공하는 사람이 오프 더 레코드를 요구하는 경우 기자는 그것을 공표하지 않겠다고 약속하거나 취재를 유보하거나 한다. 이는 발언자를 보호하면서도 가치를 높이는 방법으로 흔히 이용되지만 남용될 경우는 오히려 정보조작에 이용되는 단점이 있다. 이것은 원래 제공자와 기자 사이의 폐쇄적 공간에서 정보가 오고 갔을 경우를 상정했을 때만이 가능한 원칙임에도 불구하고, 최근에는 인터넷 토론 등 컴퓨터 통신상에서 비(非)보도를 전제로 한 발언이 신문지상에 인용, 발표되어 논란을 빚고 있다."라고 정리되어 있다. 여기 오프 더 레코드의 현장 사례를 보여주는 기사가 한 꼭지 있다.

버락 오바마 미국 대통령이 백악관 출입기자들과 오프 더 레코드(off the record·비보도전제) 점심을 함께했다. 취임 이후 기자들과 이런 비공식적 식사는 처음이다. 까닭은 다름 아닌 기자들 달래기다.

오바마 대통령이 12일(현지시간) 백악관으로 출입기자 10여명을 초청, 햄버거로 점심을 같이했다. 비보도를 전제로 한 식사였다. 그동안 출입기자들은 오바마 대통령이 역대 어느 대통령보다 기자회견을 하지 않은 데 상당히 불만스러워했다. 게다가 매일 대통령을 밀착 취재하는 출입기자들보다 칼럼니스트나 유명한 TV프로그램 진행자, 작가 등과의 인터뷰가 훨씬 많았다. 이런 상황은 백악관 공보팀과 출입기자단 사이에서 늘 내연하는 갈등 요소로 작용돼 왔다.

마사 쿠마 토우선대학 교수의 조사에 따르면, 그의 기자회견 횟수는 전임 대통령들보다 훨씬 적다. 취임 후 1년6개월 동안 오바마 대통령은 36

회 회견을 했다. 빌 클린턴 대통령은 그 기간에 66회, 아버지 조지 부시 대통령은 54회였다. 또 소수의 출입기자들과 간단한 일문일답은 지금까지 67회로 집계됐다. 재임기간 중 기자회견은 부시 205회, 클린턴 356회, 아버지 부시 93회였다.

오프 더 레코드 점심은 오바마 대통령의 홍보 전략의 하나다. 오바마 대통령은 그동안 진보성향 칼럼니스트나 학자 등과 이런 식사자리를 많이 가져왔다. 현안에 대한 자신의 견해를 솔직히 밝히고 의견을 듣고, 구하곤 했다. 정치전문 인터넷매체 폴리티코는 이번 점심을 대통령이 기자들에게 '손을 뻗친 것'이라고 표현했다. 전반적으로 자신에게 우호적이지 않은 분위기를 바꿔보자는 것으로 풀이된다. 오바마 대통령은 정책 결정 과정에서 느낀 여러 소회를 기자들에게 솔직히 얘기한 것으로 전해졌다.

뉴욕타임스(NYT) 기자는 이번 초청에 응하지 않았다. 공식 설명은 없었지만 오프 전제조건을 수용하지 않았기 때문인 것으로 알려졌다. NYT는 대통령과 유력 정치인, 유명 인사들이 참석하는 백악관 출입기자단 주최 연례만찬에 2008년부터 참석하지 않았다. 행사가 너무 오락 위주인 데다 취재원들과 불필요한 유착관계가 이뤄질 수 있다는 게 이유였다.[15]

한편 펜시는 『스포츠 보도론』에서 이 문제를 매우 현실적으로 다루고 있다. 그는 "인터뷰 도중에 상대가 '원하는 이야기를 해주겠지만 내가 말한 것으로 인용 보도는 하지는 말아 달라'고 한다면 어떻게 하겠는가?"라고 묻는다. 그리고는 "이런 상황에서는 어떤 조건도 받아들여서는 안 된다. 들은 내용을 활용할 생각을 하지 말아야 한다."고 단언하였다. 또

---

15 국민일보 쿠키뉴스, 2010. 8. 13.

한 "소스를 밝히지 않고 들은 이야기를 기사에 쓴다면 그 결과는 어떻게 될까?" 하고 물은 다음 "우선 인터뷰 대상자가 자신의 의도나 목적을 위해 거짓말을 하면서 일정한 방향으로 유도하려 했을 수도 있다."고 설명하였다. 그의 마지막 물음은 "기자가 그에게서 들은 정보를 확인하지 않은 채 또 그의 이름을 소스로 밝히지 않은 채 기사에 썼다가 명예훼손으로 피소되었다면 어떻게 될까?"이다. "기사에는 바이 라인으로 기자의 이름만 밝혀져 있으니 그런 제소를 피할 방도가 없을 것이다."라는 것이 펜시의 결론이다. 또한 그는 레너드 코페트의 글을 인용하여 자신의 입장을 투철하게 드러내보였다. 레너드 코페트는 『스포츠의 환상과 현실: 스포츠와 저널리즘 및 사회에 대한 기자의 관점(Sports Illusion, Sports Reality: A Reporter View of Sports, Journalism and Society)』(1981)이란 저서에서 이런 문제와 관련해 다음과 같이 기술하고 있다.

사람들은 갖가지 생각과 주장, 판단, 의도를 지니고 있지만 그런 것이 신문이나 방송을 통해 자신의 것으로 공표되는 것을 대체로 원하지 않는다. 그러나 기자는 이런 주장이나 판단, 의도를 될 수 있는 한 많이 알아내 주변에서 벌어지는 상황을 더욱 분명하게 파악하고자 한다. 따라서 기자는 비밀유지와 공익성이라는 두 가지 자율 규제의 원칙을 철저하게 지켜야 한다. 비밀유지의 몇 가지 형태를 살펴보면 다음과 같다.

1) 오프 더 레코드: 내가 말했다는 것은 밝히지 말라. 그리고 다른 방법으로 확인할 수 있다면 이 정보를 활용해도 좋다.
2) 알고 있되 기사화하지 말 것: 상황이 이러이러하다는 것을 알고 있

되, 내가 OK할 때까지는 기사화해서는 안 된다.

3) 출처를 밝히지 말고 전한 그대로 기사화할 것: 내가 전한 그대로 정
보를 활용하되 기사에서 출처를 밝혀서는 안 된다.

4) 사적인 비밀: 이러이러한 일이 벌어졌는데 그게 꼭 기사화해야 할
일인가?

5) 극비: 이런 사실이 알려지면 난 끝장이다. 당신의 양심에 맡기겠다.

기자는 그때그때 부딪히는 상황에 따라 어떤 가이드라인을 적용하는
것이 타당한 것인가를 결정해 그에 맞춰 움직여야 한다. 인터뷰 상대자
와의 합의는 암묵리에 이뤄질 수도 있다. 가령 기자가 "소스로 당신의 이
름을 밝히면 안 되겠지요?"라고 말할 때 상대가 한눈을 찡긋하면서 씩
웃을 수도 있는 것이다. 코페트는 취재원과 관련한 4가지 '금기사항'을
다음과 같이 지적했다.

모범적인 저널리스트는 뉴스 소스와 관련해, 비밀 유지와 공익성의 제
반 원칙을 충실하게 지키면서 4가지 '금기 사항'[16]을 범하지 않을 것이다.

1) 취재원의 비열한 언행을 용납하지 않는다.

2) 취재원과 밀착하는 식의 우정 관계를 맺지 않는다.

3) 취재원이 화를 내는 것에 신경을 쓰지 않는다. 그렇다고 해서 상대
에게 그런 점을 보이기 위해 부아를 돋워서는 안 된다.

---

16   Fensch, 1997, 25~26쪽.

4) 잘못을 부인하거나 또는 정당화시킬 구실을 찾으면서 얼버무리지
않는다.

선행 인터뷰

인터뷰 대상자는 한 기자에게만 질문할 기회를 주지 않았을 수 있다.
여러 매체와 기자들에게 자신의 입장을 설명하기 위해 비슷한 인터뷰를
여러 번에 걸쳐 했을 수 있다. 인터뷰는 기자의 인터뷰 대상자에 대한 인
식과 상황에 따른 이해의 차이 때문에 그 결과가 매체마다 다르게 나타
날 수 있다. 같은 사안을 놓고 각각의 기자가 어떻게 인식하느냐는 매우
중대한 문제이다. 또한 인터뷰 대상자가 자신의 의도를 관철하려고 노력
하기 때문에, 기자의 인터뷰가 특정한 방향으로 유도될 수도 있다. 기자
들은 흔히 인터뷰 대상자가 이전에 해둔 인터뷰의 결과를 참조하여 새
로운 화제로 넘어가기를 즐긴다. 이 방법은 효율적인 인터뷰를 가능하게
하고, 기사의 객관성과 정확성을 보장받게 한다는 점에서 반드시 거쳐야
할 과정의 하나이기도 하다.

그런데 현장에서 흔히 봉착하는 문제는 인터뷰 대상자가 기존에 한
인터뷰의 내용에 대해 기자의 인식과는 다른 말을 할 때가 적잖다는 것
이다. 이런 문제들을 정리하기 위해서라도 인터뷰 대상자의 이전 인터
뷰를 검색해 두는 일은 걸러서는 안 될 과정이다. 펜시는 이와 관련하
여 "자신이 쓰고자 하는 기사와 연관이 있는 최근의 신문기사가 있다면
그 내용에 대한 인터뷰 대상자의 생각을 물어서 확인할 필요가 있다. 그

러다 보면 뜻밖의 내용이나 또는 인용하기 좋은 언급이 나올 수도 있다. 상대로부터 최근의 기사나 보도 자료에 대해 확인 또는 부인하는 언급을 끌어내다 보면 그런 자료의 내용을 더욱 분명하게 파악할 수 있을 뿐만 아니라 그런 기사에 대한 상대의 입장이나 태도도 확실하게 알 수 있다."[17]고 정리하였다.

인터뷰 장소 선정도 인터뷰의 성공에 큰 영향을 주는 요소이다. 가장 좋은 인터뷰는 기자와 인터뷰 대상자가 단둘이 마주 앉았을 때 이루어진다. 경기가 끝난 다음 라커룸에서 인터뷰하는 방법은 별로 권하고 싶지 않다. 라커룸에서 인터뷰를 한다면, 인터뷰 대상자는 기자가 묻는 말에 집중하기보다는 주변에서 지켜보거나 비록 다른 곳을 보고 있다 해도 귀는 자신을 향해 열어 두고 있을 것이 분명한 동료를 의식해 부정확하거나 소극적인 답변을 하기 쉽다. 물론 라커룸의 분위기가 생생하게 전달되어야 할 경우라면 문제가 다르다. 예를 들어 흥분된 목소리를 전할 필요가 있는 우승 직후의 라커룸 인터뷰는 살아 숨 쉬는 느낌을 독자에게 제공할 수 있다. 한편, 인터뷰 대상자가 자주 출입하는 식당이나 술집, 카페도 피해야 할 장소이다.

자료

인터뷰 대상자나 관계자를 비롯한 주변 인물에게 홍보용이든 배경설

17　앞의 책, 26쪽.

명을 위한 것이든 도움이 될 만한 자료가 있다면 달라고 요청하라. 어떤 기관이나 단체건 인터뷰 언론 기관에 자료를 제공하는 데 인색하지 않다. 희귀한 자료여서 반출을 꺼리는 경우도 있지만 그럴 때는 복사를 한 뒤 원본을 반환하겠다거나 사진을 찍겠다는 설득이 가능할 것이다. 자료에 대한 반환 약속은 반드시 지켜야 한다. 재판 기록이나 이혼, 소송 관련 기록은 누구나 열람할 수 있는 공문서이다. 기사를 쓰는데 이런 기록이나 문서가 필요하다면 얼마든지 열람할 수 있고 또 열람해야 한다. 이런 문서들은 인터뷰를 하는 기자가 갖춰야 할 기초 자료일 수도 있다. 또한 박물관과 도서관에도 기자에게 필요한 자료들이 산재해 있다.

필자는 『스포츠 공화국의 탄생』(2010)이라는 책을 발간할 때 소강 민관식 장학재단과 수원박물관이 소장한 사진 자료를 상당량 활용했다. 소강 민관식 장학재단에서는 자료 제공에 적극적이었으나 수원박물관 측은 여러 제한을 두었다. 처음에는 사진 제공을 달갑지 않게 여겼고 이후에는 자료 제공 사실을 책 어딘가에 반드시 명기해 달라고 요구했다. 기자가 기관이나 단체의 홍보담당자와 접촉할 때는 이들이 '소속된 기관이나 단체의 방침'에 충실한 사람들이란 점을 반드시 기억해야 한다. 경우에 따라서는 이들이 기자가 선수나 스포츠 팀 운영자와 접촉하는 데 방해꾼이 될 수도 있다는 사실을 알아야 한다. 홍보담당자들은 분명히 기자들에게 도움을 주는 사람들이다. 그렇다고는 해도 그 동기가 절대 순수할 수만은 없다. 그러기에 펜시는 "이들이 누구에게서 월급을 받는지 항상 유념해야 한다."고 적었을 것이다.

"월급 주는 사람이 누군지 잘 생각해 봐." 하는 식의 농담은 사실 블랙

코미디지만 월급쟁이라면 누구나 한번쯤 들어봤음직한 농담이다. 이 말을 듣고 "지금 저 사람이 자기 회사 사장이 누군지 모르거나 이름을 까먹었나 보다." 하고 생각할 사람은 없다. 사실은 어느 사회에서나 그 바닥 사람들만 사용하는 특수한 말이 있게 마련인데, 그 중에 일부는 일반화되어 비속어나 은어로 분류되는 경우도 있다. 스포츠의 경우에도 마찬가지다. 스포츠 종사자들이 사용하는 특수 용어를 스포츠 기자들도 능숙하게 사용하는 편이다.[18] 이런 특수 용어를 구사해 가며 하는 인터뷰는 인터뷰 대상자의 긴장을 풀고 친숙한 느낌을 불러일으키는 좋은 점이 있다. 특별한 경우가 아니라면 약간의 비속어를 알아 두는 것도 좋은 일이다. 그러나 그러한 특수 용어나 비속어를 그대로 내보내서는 곤란한 경우가 많으니 기사를 쓸 때에는 각별히 유의해야 한다.

질문의 시기

기자가 누군가를 인터뷰한다는 사실은 그 인터뷰의 대상자가 특정한 시기에 관심의 대상이라는 점을 전제한다. 그렇지 않다면 화제가 되고 있는 인물이나 사안에 대하여 의미 있는 진술을 할 가능성이 있는 인물로 간주됐다고 봐야 할 것이다. 이러한 인물과의 인터뷰는 스포츠에서는 그러한 경우가 상대적으로 적기는 하지만 종종 논란거리를 제공할 수도 있다. 이럴 경우 논란이 될 만한 내용을 담은 질문은 인터뷰의 초반보다

---

18 '삐꾸', '먹통', '다께야시' 같은 말은 일반인이 알아듣기 어렵다.

는 말미에 하는 것이 정석이다. 당연한 일이 아니겠는가. 논란이 될 만한 예민한 질문을 인터뷰를 시작하자마자 던져서 분위기를 서먹하게 또는 인터뷰 대상자를 격앙하게 만든 다음에 깊이가 있는 고품질의 인터뷰를 진행하는 일은 사실상 불가능하다.

인터뷰 대상자를 흥분하게 만들어서 예상 못했던 발언을 끌어내고자 한다면 모를까 쟁점으로 떠오를 가능성이 있는 화제로 단숨에 넘어가는 일은 미숙한 기자나 하는 짓이다. 또한 인터뷰 대상자를 흥분시켜 의도하지 않았던 발언을 하도록 유도하는 방법은 결코 신사적인 인터뷰 기술에 속하지 않는다. 예를 들어 억울하게 감독이나 코치의 자리에서 쫓겨났다고 생각하는 사람을 인터뷰하는데 대뜸 "당신이 해임된 건 그 때 이러저러한 일을 했기 때문이 아니냐."는 식으로 물으면 인터뷰 대상자가 정상적인 태도로 기자를 상대하기는 어려울 것이다. 약물 복용 문제, 또는 습관적인 음주 문제로 팀에서 퇴출당하거나 대표 팀에서 제명된 선수에게 "먼저 당신의 약물 복용 문제부터 짚고 넘어갑시다."라고 했다가는 인터뷰를 거부당할 수도 있다.

두어 시간 차분히 대화를 진행하다가 민감한 사안에 대해 질문을 한다면 인터뷰 대상자도 차분한 가운데 말을 골라 가며 대답할 가능성이 크다. 인터뷰 대상자가 상당히 오랜 시간 동안 인터뷰가 진행됐음에도 불구하고 질문에 대답하지 않거나 불쾌해 한다면 그와 같은 정황을 완곡하게라도 기사에 반영할 수 있다. "그는 인터뷰 말미에 기자가 이러저러한 질문을 했으나 끝내 답변하지 않았다." 또는 "그는 이러저러한 질문에 불쾌감을 드러냈다."라고 쓴다면 독자도 인터뷰 현장의 분위기를 알 수 있을 것이다. 또한 인터뷰 대상자의 구체적 답변을 듣지 못했다고 해서 그 인터뷰가 실패했다고 생각할 필요도 없다. 왜냐하면 인터뷰 대상자의 말과 행동, 때로는 침묵조차도 진실을 드러내는 경우가 적지 않고, 독자들 또한 예민하게 상상력과 추리력을 발휘하게 돼 있기 때문이다.

어떠한 경우에라도 '최후 진술' 듣기에 인색해서는 안 된다. 다소 시간이 부족하더라도 인터뷰 대상자가 마저 하고 싶은 말이 있다면 들어두어야 한다. 사실 인터뷰 대상자는 하고 싶은 말이 있는데도 기자가 묻지 않았기 때문에 못 하고 넘어가는 일이 비일비재하다. 그가 입안에 남겨 둔 말이 값진 정보나 기사의 소재일 경우도 있다. 이토록 값진 '이삭 줍기'를 포기할 수는 없는 일이 아닌가? 그 이삭 속에 결정적인 말이 숨어 있을지도 모른다. 적극적인 인터뷰 대상자는 자기가 예상했던 질문이 나오지 않으면 반대로 기자의 질문을 유도하는 경우도 있다.

한때 스포츠연예 일간지인 『스포츠서울』에서 야구 취재팀을 지휘한 적이 있는 신명철 대기자는 언젠가 필자에게 이런 말을 했다. "임선동이 고등학교 졸업반이 됐을 때, 그를 인터뷰한 적이 있다. 장래가 유망한 청소년 선수에 대해 충실히 인터뷰하고 막 헤어지려는 참인데 임선동이 묻지도 않았는데 '기자님, 저 사실은 연세대에 갈 겁니다.'라고 하더라. 처음에는 어안이 벙벙했다. 임선동은 그 날 내가 대학교는 어디로 진학할 생각이냐고 물을 줄 알았는데 다른 질문만 들었던 것이다." 이런 예에서 보듯 기자가 알고 싶은 것과 취재원들이 하고 싶은 말이 일치하지 않는 경우는 흔히 있는 일이다.

공감

2000년 9월25일. 시드니에서 올림픽이 열렸다. 나는 취재기자였다. 전날 밤에 마신 포스터 맥주 탓이었을까. 화장실에 자주 갔다. 그러나 오전 기사를 마감하는 동안은 자리를 뜰 수 없었다. 송고를 마치고 서울에 전화를 걸어 확인한 다음에야 겨우 자리에서 일어섰다.

취재부스에서 화장실까지 거리는 30~40m. 동쪽 복도를 걸어 현관을 나선 다음 오른쪽으로 꺾어지는 곳에 가건물이 있었다. 나는 급했다. 그러나 남자의 '볼일'은 급할수록 빨리 걷거나 달릴 수 없게 만든다. 한 걸음 한 걸음 조심스럽게 옮겼다. 현관은 검은 도화지로 만든 어둠상자에 바늘로 콕 찍은 구멍처럼 아득하게 보였다. '도저히 못 참겠다' 싶을 때 까마득한 어둠의 터널 저 끝, 바늘구멍 속의 한 줄기 빛을 등지고 누군가 걸어오는 모습이 보였다. 걸음이 빠르지도 느리지도 않았다. 그가 지나치려는 순간 나는 소리쳤다.

"무라카미 하루키씨( )"

( ) 안에 물음표(?)를 찍어야 할지 느낌표(!)를 찍어야할지 모르겠다. 둘 다였을 것이다. 세상에 흩어진 모든 의미를 다 합친 '다급함'을, 아마 하루키도 느꼈을 것이다. 그렇지 않았다면 그가 그토록 명료하게 대답했을 리 없다. "하이!"라고. 인터뷰를 청했다. 하루키는 좋다고 했다. 내가 일하는 취재부스에서 하면 어떠냐고 묻자 "화이 낫(Why not)?"이라고 했다. 그러나 "급한 볼일이 있다. 40분 뒤에 보면 안 되겠느냐"고 했다. 나도 "화이 낫"이라고 했다. 그는 프레스센터에서 책상 하나를 빌려 사용했다. 자리를 확인해야 했다. 나는 울고 싶은 심정으로 그의 뒤를 뒤뚱거리며 따라가

40분 뒤에 찾아가야 할 장소를 외웠다.[19]

기자들은 사전에 계획하지 않은(전혀 상상해보지 못했던) 인터뷰를 하게 될 때도 있다. 때로는 행운에 힘입어 꽤 괜찮은 인물과 인터뷰를 할 경우도 있다. 필자는 2000년 시드니올림픽을 취재하러 갔을 때, 일본인 소설가 무라카미 하루키[村上 春樹]를 만났다. 메인 프레스센터(MPC)의 복도를 걷다가 마주쳤다. 국내에서 발간된 책자에 실린 사진보다 훨씬 나이 들어 보이는 그의 얼굴에서 무라카미 하루키임을 알 수 있게 한 징표는 반짝이는 두 눈이었다. 막 지나치는 하루키를 불러 세운 필자는 그에게 인터뷰를 하자고 제안했고, 그는 좋다고 했다. 하루키를 중앙일보 취재 부스로 불러 사진을 찍고 인터뷰했다. 그는 영어를 막힘없이 사용해서 생각을 드러냈다.

하루키는 "올림픽 개막식이 너무 지루해 덴마크가 입장할 때쯤 경기장을 박차고 나와 버렸다. 그리고 숙소 앞 생맥주 카페에 들러 맥주를 마시고 취해버렸다. 그러나 남북한이 공동입장한다는 사실을 알았다면 기다렸을 것"이라며 '원더풀'을 연발했다. 이런 말도 했다. "스포츠는 스포츠 자체로 즐기면 된다. 왜 애국심을 들먹이나. 선수들이 메달을 딸 때도 국기 게양식 같은 것은 없애버리는 것이 낫다." 며칠 뒤 야구장에서 하루키를 다시 만났다. 한국과 일본이 동메달을 놓고 경기했다. 그는 조용히 경기를 관전했다. 뒤지던 한국이 8회에 경기를 뒤집었다. 그러자 하

---

19   아시아경제, 2016. 1. 8.

루키는 손바닥으로 취재석 책상을 내리쳤다. 그러곤 벌떡 일어나 경기장을 떠났다. 필자의 기억 속에 생생한 하루키의 모습이다. 필자는 그가 표리부동한 인물이라고 생각하지 않는다. 그는 일본인이었고, 모국의 대표팀을 응원했을 것이다. 그가 본능에 충실했을 뿐이라고 이해하고 있다.

하루키는 『스포츠 그래픽 넘버』란 잡지의 청탁을 받고 시드니에 갔다. 그는 23일 동안 올림픽을 취재하며 매일 400자 원고지 30장씩 글을 썼다. 이때 쓴 글을 묶어 2008년에 『승리보다 소중한 것』을 냈다. 여기에 원고지 100장 정도를 더해 묶은 책이 『시드니!』다. 하루키는 책에 인터뷰를 한 사실도 적었다. '프레스센터 책상에서 일하고 있는데, 한국의 젊은 신문기자가 "무라카미 씨 아니세요?"하고 말을 걸었다. "인터뷰를 해줄 수 없겠느냐?"고 물었다. 3시 반까지 마침 시간이 비어서 30분 정도라면 괜찮다고 대답했다. 1시 반부터 2시까지 인터뷰를 했다. 어떻게 올림픽에 오게 됐는가, 같은 질문을 했다. 영어로 질문을 받고 영어로 대답했다.' 그러나 하루키는 30분이 아니라 한 시간 가까이 인터뷰를 했다.[20]

인터뷰를 하는 동안 필자는 소설가인 하루키에게 너무 시사적인 질문을 많이 퍼붓고 있다는 사실을 깨달았다. 하루키도 어지간히 지루하고 힘든 눈치였다. 『승리보다 소중한 것』에서 "세상에서 가장 지루한 것을 꼽으라면 올림픽 개회식은 분명 10위안에 들 것이다."라고 썼고, 거금 10만 엔을 주고 들어간 개회식 중간에 자리를 떠버린 하루키가 아니

---

20 하루키가 나와 똑같이 기억하지 않는다고 해서 아쉬울 것은 없다. 두 사람의 기억이 데칼코마니와 같다면 또한 이상한 일이다.

던가. 이때 필자는 문득 그가 쓴 책, 『먼 북소리』의 한 구절을 떠올렸다.

버스가 와서 우리는 음식 값을 지불하고, 일주일 전부터 버리려고 마음 먹었으면서도 버리지 못했던 너덜너덜한 나이키 조깅화를(어찌 된 영문인지 내가 그걸 버릴 때마다 누군가가 다시 주워다 주었다) 종이봉투에 넣고 둘둘 말아, 슬며시 테이블 밑에 놓은 채 버스에 올라탄다. 버스가 발차한다. 어휴, 간 신히 버렸다고 생각했는데 그러나 이번에도 실패하고 말았다. 이야니스가 쫓아오며 버스를 불러 세운다.

"키리오스 당신, 이것 두고 갔어요."라며 너덜너덜 다 떨어진 내 나이 키 조깅화를 내민다. 그 조깅화는 아무도 잊어주는 사람이 없는 과거의 작 은 실수처럼 나를 집요하게 따라다닌다. 할 수 없이 나는 "고맙습니다." 라 고 말하고 그 종이 꾸러미를 받아든다. 달리 무슨 말을 하겠는가? 이렇게 우리는 크레타 섬 산골짜기의 조그마한 마을을 떠났다. 앞으로 다시는 찾 아오지 않을 그 마을을.

필자는 위의 대목을 떠올리며 "그때 그 조깅화는 결국 어떻게 됐느 냐."고 물었다. 사실 『먼 북소리』에는 그 조깅화의 운명이 분명하게 기록 되어 있다. 하루키 씨는 "레티몽에 도착했을 때 나는 이번에야말로 성공 하리라 생각하며 버스 좌석 밑에다 신발을 넣은 종이봉투를 처박아두고 내렸다. 그러나 밤이 지나고 날이 밝을 때까지 나는 내내 조마조마했다. 혹시 누군가가 호텔 방문을 노크하고 그 조깅화를 불쑥 내밀까봐. 하지 만 다행히 아무도 오지 않았다."라고 썼던 것이다. 그러나 필자는 버리려 고 은근슬쩍 떨어뜨려 두고 온 조깅화를 이야니스가 기어이 찾다다 준

그 에피소드가 너무 재미있어서 '결국은 버렸다'는 다음 구절을 기억해 내지 못하였다.

하루키도 난감했을지 모른다. 그러나 그는 "그 뒤에다가 썼듯이 다른 곳에서 결국 버렸다."고 대답했다. 그리고 우리는 한참을 낄낄거렸다. 마치 옛날의 그 일을 함께 겪었으며, 지금 막 생생히 기억나기라도 한다는 듯이. 분위기는 상당히 부드러워졌고, 필자는 그 뒤로 30여 분이나 더 하루키를 취재 부스에 붙들어두고 이런 저런 질문을 할 수 있었다. 이런 일을 통해 필자는 인터뷰를 할 때 인터뷰 대상자의 과거 언행이나 저술에 대해 알면 인터뷰가 훨씬 쉬울 수 있다는 사실을 배웠다. 인터뷰를 하는 동안 적절한 대목에서 구사하는 에피소드는 분위기를 부드럽게 바꾸어 줄 뿐 아니라 생각하지 않았던 재미있는 언급을 선물하기도 한다.

고백

슈퍼스타는 팬들을 매혹시킨다. 팬들은 전기에 감전된 것처럼 스타 선수의 플레이에 도취되어 그의 인간적인 요소 어떤 부분에 대해서도 인식하거나 판단하려 들지 않는다. 스타는 경기장 안의 플레이만으로 마치 증류를 해 놓은 듯 투명한 이미지만을 팬들에게 제공한다. 남성 스포츠 스타라면 10대 소녀들로부터 30~40대의 여성에 이르기까지 두터운 층을 이룬 팬들의 지지를 받는다. 그의 높은 인기는 일종의 권력처럼 작용해서 그가 종사하는 스포츠 분야에서 적지 않은 영향력을 발휘하게 된다. 이런 선수들을 인터뷰할 때 기자들은 상당히 불편을 겪는 수가 있다. 국내에서는 흔치 않은 일이지만 미국이나 유럽처럼 스포츠 시장이 큰 지역에서 활동하는 스타 선수들은 매스 미디어와의 인터뷰를 앞두고 질문해도 좋은 내용과 질문해서는 안 될 내용을 제한하는 경우도 있다. 이러한 장애가 없는 경우라 해도, 기자 자신이 인터뷰 대상자의 명성과 높은 인기에 압도되어 질문을 하는 데 있어 자기 검열의 기제를 작동하는 경우도 없지 않을 것이다. 특히 기자는 구단주를 비롯한 고위층을 인터뷰할 때 동어반복과 상투적 답변에 만족해서는 안 된다. 존 브래디는 그의 책 『인터뷰 기법(The Craft of Interviewing)』(1976)에서 『스포츠 일러스트레이티드(Sports Illustrated)』 기자 존 언더우드의 말을 아래와 같이 인용하고 있다.

> 유명한 운동선수에게 주눅이 드는 경우가 있다면 그런 사람의 내면을 들여다본다는 것은 거의 불가능한 일이고 따라서 상황인식도 왜곡되게 마련이다. 스포츠 영웅들의 실상을 가만히 들여다보면 함께 골프를 치는 친구들과 약간 다를 뿐이다. 화학 과목에서 A를 받은 대학생과 아인슈타인은 수준차이가 엄청나지만 프로 선수와 대학 선수는 종이 한 장 차이밖에 없다.[21]

인터뷰를 진행하는 기자가 맞부딪치게 되는 예상 못한 상황 가운데는 인터뷰 대상자가 뜻밖의 '고백'을 해서, 원래 의도했던 바와 다르게 대화

---

21   Brady, 1976, 57쪽.

가 진행되는 경우도 있다. 아주 흔한 경우는 아니지만 기자가 졸지에 인터뷰 대상자의 상담원 내지는 심리치료사, 카운슬러 같은 존재로 둔갑해 버리는 희한한 경우다. 이럴 경우 우선 인터뷰는 제대로 진행되기 어렵다고 봐야 한다. 기자의 심리 상태는 혼란에 빠질 것이고, 인터뷰 대상자의 발언은 본질과는 무관한 방향으로 치달을 가능성이 크다. 인터뷰의 결과물이 왜곡된 형태로 나타나거나 내용 면에서 부정확할 가능성이 큰 것이다. 기자는 인터뷰가 그러한 방향으로 흘러가지 않도록 주의해야 한다. 만약 이런 조짐이 나타난다면 사실 확인이나 필요한 데이터 수집 등 취재 기능은 모두 '나중 문제'가 돼 버리는 것이다.

펜시는 이런 경우를 언급하면서, "인터뷰 진행은 대상자나 기자에게 다 같이 성격 분석의 시간이 되고 만다. 성장 배경, 여러 가지 모티브, 형태, 개인적인 역정 등이 분석 대상이 되는 것이다."라고 짚었다. 펜시의 판단에 의하면 이럴 경우라도 망해버린 인터뷰는 절대 아니다. 그는 이런 경우를 당할 경우 "기자는 벌어지는 상황과 인터뷰 진행 방식, 그리고 상대가 자신과의 인터뷰를 인식하는 형태 등을 예의 주시해야 한다. 이런 인터뷰는 특이한 논픽션을 집필하는 데는 상당한 도움이 될 때가 있다. 빈틈없는 준비와 직업의식에 투철한 경우, 직관에 의존하는 이런 의미 있는 인터뷰를 통해 뛰어난 논픽션을 한편 만들어낼 수 있다."[22]고 조언하고 있다.

---

22   Fensch, 1997, 30쪽.

질문

노련한 기자라면 질문할 내용을 적은 종이나 수첩, 노트를 들고 와서 인터뷰이 앞에 펼쳐 놓고 봐가며 질문하지 않는다. 기자는 질문할 내용과 순서를 외우고 있다. 잘 디자인된 기자의 질문은 일상적인 대화를 나눌 때처럼 자연스럽고 물 흐르듯 부드럽다. 기자는 질문 내용을 미리 꼼꼼히 준비해 두었겠지만 그 순서에 신경을 쓰다 보면 흐름이 끊기기 때문에 상당히 유연하게 대처하려 애쓴다. 전체적인 인터뷰 내용을 머릿속에 넣어 놓고 여유 있게 봐가며 질문할 것이다.

좋은 기자는 인터뷰이를 대할 때 인터뷰하는 태도가 겸손하면서도 당당하다. 기자가 "나는 모든 걸 다 알고 있다, 더구나 막강한 힘을 가진 큰 언론사 소속이다."라는 식으로 지나치게 자신감을 보이면 불쾌감이 들 수도 있다. 좋은 기자는 취재원을 상대할 때 그가 아무리 슈퍼스타이고 큰 기업의 총수라고 해도 결코 주눅 들지 않는다. 그런 기자가 하는 질문을 찬찬히 듣고 적절히 상대하는 일, 이것이 인터뷰이가 훌륭하게 인터뷰를 수행하는 요령이다.

1) 기본적인 질문, 즉 쉽고 기분 좋게 대답할 수 있는 질문부터 한다.
2) 질문은 간단하지만 내용은 구체적으로 한다. 주절주절 장황하게 질문을 했는데 '예' 또는 '아니오' 식으로 대답하면 맥이 풀릴 것이다. '예'나 '아니오'로 대답할 수밖에 없는 질문을 한다면 아마 취재원이 상대하는 기자는 이제 막 기자가 된 신출내기이거나 진짜 기자가 아니거나 하기 싫은 인터뷰를 억지로 하고 있는 것이 분명하다. 좋은

기자의 질문은 취재원의 의견을 적극적으로 묻는다.

3) 반드시 질문해야 할 항목을 몇 가지 외우거나 취재 수첩에 적어두고 있다. 기자가 점검하는 대목에서 인터뷰의 주된 이슈가 무엇인지 인터뷰이도 쉽게 알 수 있다. 취재원 입장에서 "이상하네? 이 질문을 왜 하지 않을까?" 싶은 경우도 물론 있다. 그럴 경우에도 좋은 기자라면 반드시 헤어진 다음에라도 전화를 하거나 한 번 더 와서 기어이 그 질문을 할 것이다.

4) 탐욕스러운 태도를 보이는 기자는 좋은 기자가 아니다. 취재원에게서 원하는 답을 얻어내기 위해 사냥꾼이 노루를 몰듯 몰아대는 기자는 품위가 없을 뿐 아니라 요령도 없는 사람이다. 이런 식으로 나오면 필자라도 불쾌감을 느끼고 입을 다물어버릴 것이다. 유감스럽지만 이런 기자들은 의외로 많다. 힘 있는 언론사 소속 기자들일수록 강압적인 방식으로 취재원의 언급을 빼앗아내려는 경향이 있다. 제대로 된 기자라면 가능한 한 다양한 각도에서 여러 형태의 질문을 할 것이다. 그 과정에서 새로운 진실에 접근하고 기자가 쓰려고 했던 기사의 방향이 예정하지 않았던 곳으로 향하는 경우도 있다. 그리고 그 결과는 평범하지 않은 지면으로 구현될 수 있다. 질 낮은 기자가 아니라면 애초의 취재 의도에 집착해 진실을 보지 못하는 잘못을 저지르지 않는다.

5) 좋은 기자라면 취재원이 하는 말을 주의해서 듣고 이해가 안 가는 대목이 있으면 적절하게 되묻기도 할 것이다. 모든 기자는 취재원이 분명하게 말하기를 원한다. "그 문제에 대해서는 이렇게 말씀하셨죠? 절대 반대하고, A로 바뀌어야 한다고 말입니다."라는 식으로 확인하는 과정도 빠뜨리지 않을 것이다.

6) 모든 기자가 신사적이지는 않다. 그는 어떻게든 취재원의 답변을 얻

어내 기사를 써야 하는 사람이다. 민감한 사안에 대해 물어야 할 때, 더구나 취재원과 다른 시각으로 사안을 바라보고 있을 기자는 적대 적이고 공격적인 태도를 보일 수 있다. 그는 취재원으로부터 원하는 대답을 듣기 위해 모든 노력을 다한다. "그래요? 협조하지 않겠다는 겁니까? 그러면 이렇게 써도 될까요? '아무개 씨는 기자의 거듭되는 질문에도 불구하고 답변을 거부했다'고 말입니다."식으로.

7) 노련한 기자는 취재원의 마음을 흔드는 데 능하다. 누구나 그렇지만 어지간히 마음의 준비를 하고 있어도 단도직입적인 질문을 받으면 당황할 수밖에 없다. 취재원의 입장에서 100%를 말할 수 없는 경우 가 허다하고, 말할 준비가 되어 있다고 해도 심장을 찌르는 듯 적확 하게 핵심을 질문하면 어찌할 바를 모르게 된다.

8) 유능한 기자와의 인터뷰는 즐겁다. 그는 인터뷰의 주제를 대화를 통 해 풀어가면서도 풍부한 상식과 전문지식으로 취재원의 호기심을 자극하고 감탄을 불러일으킨다. 어떤 인터뷰는 수준 높은 대화로 일 관할 수 있다. 하지만 그런 기자도 맹수의 발톱 같은 날카로움을 간 직하고 있다는 사실을 잊어서는 안 된다. 녹음기는 취재원의 입을 향한 채 쉬지 않고 돌아갈 것이다. 물론 녹음기 스위치를 누르기 전 에 동의를 구했겠지만.

왜 스포츠 스타인가

일반인들의 경우, 일생 동안 수많은 대중들의 스포트라이트를 받을 기회란 거의 없다. 일반인들을 대상으로 한 '생활의 달인'과 같은 텔레비 전 프로그램도 물론 있기는 하다. 그러나 이러한 프로그램은 예외적이라고 봐야 한다. 달인의 품격을 갖춘 이들이 보여주는 것은 숭고하다고 할 만큼 높은 자기 직업에 대한 자부심, 삶에 대한 성실한 태도, 오랜 숙련에서 생겨난 전문가로서의 경지이다. 이는 적어도 몇 년, 길게는 몇 십 년을 갈고 닦은 '나만의 테크닉'이다. 일상 속에서 발견된 바로 이러한 전문가적 자질이, 그리고 아무도 흉내 낼 수 없는 숙련도가 달인이라는 영광스러운 칭호를 주저 없이 부여할 수 있게 하는 요소이다. 또한 일반인의 숨겨진 미담이나 선행이 심심찮게 방송을 타기는 한다. 그러나 그런 기회는 사실 대중들의 삶에서 일생 동안 한번 올까말까 한 드문 경우이다. 반면 운동선수는 늘 인터뷰 상황에 노출되어 있다고 해도 과언이 아니다. 운동선수는 선수 생활을 하는 동안이나 은퇴 후에도 대중들의 끝없는 관심을 받는 대상이다. 그 배경에는 무엇이 가로놓인 것일까.

신문이나 방송에서 보도하는 기사의 내용을 보라. 거기에는 매일매일 온갖 사회적 치부와 형언하기 힘든 범죄, 어처구니없는 사건 사고들로 넘쳐난다. 엽기적이고도 잔혹한 사건 사고, 북아프리카와 중동을 덮친 정치적 격변과 같이 나라 밖에서 벌어지는 역사적 사건들, 아마도 역사에 기록될 코로나19 팬데믹(pandemic)이 송두리째 뒤흔들어 놓은 현대인의 삶. 이를 보도하는 뉴스는 우리의 눈과 귀를 사로잡는다. 하지만 오늘은 또 무슨 일이 일어날까 하는 조바심과 불안을 낳기도 한다. 신문과 방송을 통해 우리는 눈과 귀는 인간성 상실의 현실세계에 개탄한다. 러시아의 반시대적인 군사행동과 거기 맞선 우크라이나 국민들의 저항, 이스라엘과 팔레스타인을 중심으로 영원히 계속될 것 같은 중동의 긴장, 그치지 않는 테러, 내전, 난민… 전 세계에서 일어나는 사건 사고들은 종말론에 가까운 파국을 매일매일 경험하게 만든다.

현실 세계의 이런 착잡함에 비하면, 우리가 접하는 방송과 신문에서 스포츠 기사는 언제나 쾌와 불쾌의 감정만을 야기할 뿐이다. 신문 보도나 방송에서 중계하는 스포츠 경기의 장면은 종목마다 날마다 다르게 열리지만 공정한 규칙 안에서 승패가 결정되는 즐거운 게임이다. 거기에다 스포츠는 아기자기한 기술과 반전의 드라마를 보여주며 인간 승리의 이야기를 전해준다. 그 즐거움의 근원은 피겨 여왕 김연아 선수의 승리나 유럽 무대에서 활약하는 우리의 축구 선수들, 미국 메이저리그 무대를 누비는 야구 선수들의 활약에만 있지 않다. 지금도 이름 없이 묵묵히 훈련하고 있는 선수들이 일취월장 나날이 실력이 달라지는 모습, 동계·하계 올림픽과 아시안게임, 유니버시아드 대회, 세계 선수권대회에서 놀라운 투혼을 발휘하여 성과를 거두는 순간, 스포츠를 통하여 대한민국의 저력을 확인하며 국민 모두 하나가 된다.

스포츠는 확실히 인간의 가장 적나라한 몸짓과 기술로 가장 감동적인 드라마를 만들어내며 경기자와 보는 이들을 하나로 묶는다. 그 마력이야말로 스포츠가 가진 힘이다. 2016년 리우데자네이루올림픽 남자 에페 개인전에 출전한 박상영 선수는 결승전에서 10:14로 패색이 짙은 상황에서도 "할 수 있다, 할 수 있다."라고 되뇌는 모습이 카메라에 잡혔고, 그 이후 거짓말처럼 15:14로 역전해 금메달을 따내는 불굴의 투혼으로 대중들의 뇌리에 깊이 각인되었다. 2018년 12월 림프계 암의 일종인 호지킨 림프종 진단을 받은 뒤 6개월 동안 12번의 화학요법 치료를 견뎌낸 맥스 패럿(캐나다)은 2022 베이징동계올림픽 스노보드 슬로프스타일 정상에 오르는 인간승리 드라마로 감동을 안겼다.

스포츠 스타들의 활약상이 대중들의 관심 속에 하나의 문화로 자리 잡는 일은 비일비재하다. 운동선수들의 역동적인 모습, 경기를 승리로 끝낸 뒤 보여주는 여유와 인간미는 대중들에게 깊은 인상을 남긴다. 불의하고 부패한 사회악의 우울한 소식이 아니라 정당한 대결을 통하여 얻어낸 값진 결과라는 점에서 스포츠는 대중들의 환호를 불러내기에 합당하고 도덕적이기까지 하다. 운동선수들이 한결같이 대중의 주목 대상이 되는 이유는 무엇일까. 스포츠는 극한적인 상황 속에서 드라마틱한 경기 운영의 능력을 통하여 관중들에게 인간의 가장 고양된 신체의 아름다움과 감동을 선사한다는 점에서 심미적인 가치를 지니기 때문이다.

신화와 드라마

랜스 암스트롱은 2005년까지 세계적인 사이클 경기 대회인 '투르 드 프랑스'에서 7연속 우승의 위업을 쌓은 미국의 사이클 영웅이다. 그는 1996년 발병한 고환암으로 항암치료와 운동을 병행하면서 남다른 명성을 누린 스포츠 영웅의 한 사람이다. 그는 현역에서 은퇴했다가 복귀한 뒤 2009년 '투르 드 프랑스'에 출전해 3위에 올랐다가 금지 약물 복용 사실이 드러나자 2011년 2월 영구 은퇴를 선언했다. 사이클 영웅의 등장은 단순히 선수로서 거둔 뛰어난 성과 때문만은 아니었다. 암 투병과 병행한 선수 생활에서 거둔 대회 우승이라는 점에서 그는 인간 승리의 당사자로 거론되기 시작했고 유명세를 탔던 것이다.

대중들의 눈에 비친 운동선수는 맥스 패럿이나 랜스 암스트롱의 사례에서 볼 수 있듯이 특별한 존재이다. 이들은 자신에게 부여된 온갖 고난과 역경을 이겨내고 경기를 통해 자신의 기량을 최고도로 발휘하는 드라마를 써나가는 현대의 영웅들이다. 한 시대를 풍미한 운동선수의 영웅담은 사실 그 시대의 아이콘이기에 충분하다. 대중들이 선망하는 문화의 코드는 끝없이 변한다. 운동선수 한 사람을 향한 대중들의 관심과 애정은 경기 관람에서 잘 나타나지만, 그의 도전과 성취의 드라마는 인간의 삶을 압축적으로 요약해서 보여준다. 선수가 지닌 절정의 경기력은 인간 신체가 도달할 수 있는 최대치의 미적 결정체를 뿜어낼 수 있게 해준다.

축구선수 크리스티아누 호날두는 중학교도 마치지 못한 학력의 소유자이지만 운동선수로서는 선망의 대상 중 하나다. 무엇이 지금의 그를 만들었는가. 첫째, 자기관리의 철저함이다. 그는 자신의 신체 단련을 위해 하루 천 번 윗몸일으키기를 한다고 한다. 참 무서운 자기 관리이다. 일반인의 상상을 초월한 이 고된 훈련이 전매특허인 무회전킥을 낳았던 것이다. 무회전킥은 사실 근력과 빠른 킥이 조화를 이루지 않으면 나올 수 없다고 한다. 이것이 오늘날 빠른 돌파력과 공포의 슈팅능력을 가진 최고의 선수를 탄생시킨 일화의 한 대목이다. 높은 상품성도 결국 철저한 자기관리와 고된 훈련에서 만들어진 것이다. 대중의 선망은 바로 이런 고도의 문화적 자원에서 생겨난다고 할 수 있다.

스포츠와 스포츠맨들에 대한 일반인들의 선망의식은 짧은 경기의 순간에 한정된다고 단언할 수 없다. 챔피언의 자리에 오르기까지 무성한 일화야말로 영웅의 인간미와 존경할 만한 진면목을 보여주는 대목이 아닐까. 으레 우리가 스포츠 스타들에게서 엿보고자 하는 것은 의식적이든 무의식적이든 간에 철저한 자기관리와 극한적인 훈련과정, 목표를 향해 정진해온 놀라운 집중력, 인간미 등이다. 경기 순간도 거기에 상응한다. 힘겨운 상대와 벌이는 사투에 가까운 대결에서 조마조마한 가슴을 쓸어내리며 급기야 환호작약하는 승리의 순간은 인생의 묘미를 닮아 있다. 숨 가쁜 대결에서 위태로운 순간을 가까스로 벗어나면서 반전을 거듭하는 경기의 장면 장면들은 승리를 일구어내기까지의 전개과정에서 그 장면을 바라보는 우리들에게는 삶의 의욕에 불을 지피는 강렬한 자극을 부여하는 이미지가 된다.

우리가 잉글랜드 프리미어리그에서 활약하는 손흥민 선수를 보고 열광하는 것은 그의 뛰어난 득점력과 넘치는 인간미 때문만이 아니다. 그는 크리스티아누 호날두, 해리 케인, 모하메드 살라와 같은 세계 정상급 선수들과 어깨를 나란히 하며 대한민국 축구선수의 경쟁력을 현현하는 존재이다. 손흥민 선수가 우리의 열망과 기대를 배반하지 않고 최정상급의 축구를 하는 대리인으로서의 역할을 훌륭하게 수행하기 때문에 대한민국 축구팬들은 그토록 열광하는 것이다. 손흥민 선수의 삶은 축구 이외에는 아무것도 없다고 해야 할 정도이다. 우리는 손흥민 선수의 아버지가 아들을 얼마나 혹독하고도 정성스럽게 가르쳤는지 알고 있다.

손흥민 선수의 성장기를 살펴보면 오직 축구로, 축구에 대한 열정으로 삶을 성공적으로 꾸려나가는 사람의 모습이 뚜렷하게 드러난다. 이는 삶의 내용만 다를 뿐 삶의 형식 자체가 칸트가 말하는 '무목적적 합목적성'에 도달한 것이 아니고 무엇이겠는가. 또한 시즌에 따라 열리는 축구와 야구, 농구와 배구, 수많은 인기 스포츠 종목만이 아니라 비인기 스포츠 종목의 설움을 딛고 자신의 목표를 향해 나아가는 수많은 선수들에게서도 바로 이 놀라운 집중력과 일반인들이 미처 상상하기 어려울 만큼 간결하고 혹독한 수도자와 같은 자기관리의 '무목적적 합목적성'이 발견된다.

인터뷰이의 입장

일반인들에게 스포츠맨은 단순히 운동만 하는 전문인이 아니다. 그들은 스포츠맨들이 비교적 짧은 시간 안에 끝나는 경기를 승리로 이끌기 위해 하루하루 혹독한 훈련을 거친다는 점을 잘 알고 있다. 일반인들은 자신들이 소일하는 스포츠 취미활동을 통해서 스포츠맨들의 경기력이 얼마나 선망의 대상이 되는지를 몸으로 체감한다. 지역별로 무림계를 형성하는 배드민턴의 경우, 박주봉 선수는 은퇴했으나 그의 이름은 배드민턴을 사랑하는 사람들에게 신비에 가까운 아우라를 드러낸다. 박주봉 선수의 화려한 경기력은 배드민턴을 애호하는 수많은 사람들에게는 신의 위치에 군림하는 존재감을 부여한다.

스포츠맨의 경기는 일반인들에게 최고 수준에 도달한 경기력을 선보이는 순간이다. 그런 까닭에 선수들의 컨디션 조절은 매우 중요하다. 하지만 경기마다 벌어지는 비신사적인 행동들, 예컨대 욕설과 항의, 교묘하면서도 폭력적인 반칙, 경기장에 가래침을 뱉는 모습 등 불미스러운 모습은 언제나 실시간으로 중계된다는 점을 한시도 잊어서는 안 된다.

일반인이건 운동선수들이건 간에 누군가가 늘 자신을 지켜보고 있다는 생각, 즉 '중인환시리(衆人環視裏-많은 사람들이 둘러싸고 지켜보고 있는 중)'이든 아니든 평상심을 유지하면서 품격 높은 경기력을 발휘하는 일이 점점 중요해지고 있다. 그것은 미디어가 만들어내는 환경 자체가 실시간으로 전사회적으로 공유되는 게 엄연한 현실이기 때문이다.

신문이나 방송 같은 보도기관을 언론 매체 또는 미디어라고 부른다. 매체나 미디어라는 말은 대중들을 대신해서 사회 각 계층의 저명인사나 여러 관심사항, 궁금한 점을 취재하여 전달하는 기관이라는 뜻이다. 이렇게 보면 운동선수들은 신문과 방송을 너무 의식하거나 적대시할 필요는 없다. 오히려 언론에 노출되는 상황을 자신에게 찾아온 기회로 삼는 지혜가 필요하다. 다만 중요한 것은 보도자가 한 개인의 자격으로 취재를 온 것은 아니라는 것, 대중의 대리자 자격으로 온 것이라는 점을 감안할 필요가 있다.

유럽 유수의 스포츠 리그 경기가 끝난 다음 선수를 인터뷰하는 상황을 관찰해보면, 경기를 끝낸 뒤 복장에서 크게 다르다는 점을 확인하게 된다. 경기를 앞두고(물론 이때는 인터뷰를 길게 하지 않는다), 경기가 막 끝났을 때 또는 라커룸에 들어가기 직전에 수훈 선수나 스타 선수와 인터뷰하는 장면에서 인터뷰이들은 대개 땀에 젖은 운동복 차림이다. 하지만, 경기장을 나온 뒤 공식 인터뷰를 하는 장면에서 선수들이 언론과 대면하는 상황을 보면 대부분 넥타이를 맨 정장 차림이다. 이 두 가지의 복장이 뜻하는 바는 무엇일까.

남다름

운동선수들은 대개 10대 후반부터 20대에 걸쳐 자신이 선수로서 활동하는 기간에 언론에 노출될 가능성이 가장 높은 집단의 하나이다. 이는 통계적으로도 알 수 있다. 사회 각 분야의 청소년 집단에서 선호하는 계층은 바로 연예인이다. 하루아침에 부와 명성을 얻는 대중 스타야말로 오늘의 청소년들이 자신들의 재능과 끼를 가지고 사회적으로 추앙받는 존재가 될 수 있다는 점에서 선망하는 대상이 되기에 족하다. 운동선수는 어떠한가. 이들은 대중 스타로 발돋움할 수 있는 가능성이 매우 크다. 1971년 남아프리카공화국 더반에서 탄생한 복싱 챔피언 홍수환 선수는 "엄마 나 챔피언 먹었어!"를 외치며 일약 대중들의 스타가 되었다. 토트넘 핫스퍼의 손흥민 선수, 맨체스터 유나이티드의 레전드 박지성 선수, 피겨 여왕 김연아 선수가 누리는 대중적 인기는 정치인들이 부러워할 정도이며 그들이 쌓은 부(富)는 웬만한 중견기업의 경제적 규모를 넘어선다.

이들 운동선수들이 누리는 대중적 명성과 부에는 연예인들의 그것과는 다른 부분이 몇 가지 있다. 첫째, 운동선수들의 명성은 인간 승리의 결과물이라는 요건이다. 둘째, 엄격한 자기관리라는 조건이 충족되어야만 얻을 수 있다. 미국의 사이클 선수 암스트롱은 암을 이겨내고 거둔 우승 때문에 더욱 빛날 수 있었고, 그의 인간 승리가 대중을 감동시켰다. 그 감동에 값하는 것이 바로 명예이고 그 뒤를 따르는 것이 부이다. 암스트롱이 던진 감동이 컸기에 그의 부정과 몰락이 남긴 충격과 실망도 형언할 수 없을 만큼 컸던 것이다. 곰곰 생각해보자. 인간 승리의 영웅을 예우하는 명예와 부는 어디에서 오는가. 그것은 수도사와 같은 철저한 자기 관리에서 온다.

운동선수는 어느 대회이건 승리하는 바로 그 순간부터 자신과의 싸움을 벌이지 않으면 안 된다. 정상에 오르기보다 지키는 일이 더 어렵다고 한 것은 이를 두고 하는 말이다. 연예인과 다른 운동선수들의 명예는 인간의 품격과 깊이 관계된다. 그의 명예는 스캔들이나 범죄와 연결될 때 회복 불가능한 상태로 전락하고 만다. 연예인들은 변덕스러운 대중의 인기에 연연한다. 하지만 운동선수들은 결코 그런 사람들이 아니다. 이들은 묵묵히 자신의 길을 걸어왔다는 점에서 인간적인 면모부터가 대중에게는 달리 비추어진다.

2010년 말, 한국의 한 방송국은 미국 프로야구 메이저리그에서 '추-추 트레인'이라는 별명으로 유명한 추신수 선수의 인간 승리를 다룬 특집 프로그램을 방송했다. 텔레비전 특집에서 그는 변화와 도전을 두려워하지 않는 정신과 자신의 역할을 완벽히 수행하기 위하여 수행한 수없는 연습과 성실함으로 시청자들에게 깊은 감동을 주었다. 본래 투수였던 그는 메이저리그에 진입하기 전 마이너그리그에서 타자로 전환하는 도전을 두려워하지 않았다. 투수가 타자로 직종을 바꾼다는 것은 자신의 기술과 특성을 새롭게 만들어내야 한다는 엄청난 부담을 준다. 하키 선수가 프로 골프에 도전하는 것만큼 결코 자신할 수 없는 일이 바로 포지션 변경인 것이다. 거기에다 몇 년에 걸친 마이너 생활을 끝낸 뒤 메이저리그로 진입한 추신수 선수는 시애틀에서 불세출의 경쟁자와 대면한다.

그 경쟁자의 이름은 우리에게도 잘 알려진 일본 출신의 천재 타자 스즈키 이치로이다. 이치로는 외야 포지션 경쟁에서 추신수 선수에게 승리를 거두었다. 절치부심한 끝에 추신수 선수는 시애틀을 나와 클리블랜드로 이적하였고 이치로 못잖은 호타준족을 자랑하며 최고의 선수로 발돋움하기에 이르렀다. 그런 그에게 오랜 마이너 생활을 이겨내도록 해준 것은 가족의 사랑과 성실함이었다. 그는 경기가 있는 날 반드시 두 시간 전에 경기장에 나가 운동 도구를 깨끗이 손질하고 상대 팀에 대한 분석에 돌입한다. 메이저리그에 진입한 뒤 한 번도 빼놓지 않았던 일상의 모습이다.

추신수 선수의 바로 이런 모습이 메이저리그 굴지의 대타자로 우뚝 설 수 있게 했고, 그의 성실함과 야구에 올인하며 보여주는 활력들이 대중들에게 깊이 각인되면서 스타로서의 품격을 인정받게 된 것이다. 인간 승리라고 불러도 전혀 부끄럽지 않을 만큼 부단히 갈고 닦은 실력과 최고의 자리, 최고의 대우를 받는 운동선수의 모습이 바로 추신수 선수의 모습이다. 이 같은 모습은 운동선수라면 누구나 선망할 수밖에 없다. 하지만 곰곰 생각해보자. 정상의 자리에 선 추신수 선수에게서 빛나는 대목은 성실함과 자신감으로 충만한 인간의 품격 그 자체가 아닌가.[23]

운동선수가 스포츠 스타로 공인받기 위해서는 매력과 호소력을 갖춘 상품성이 필요하다. 그러려면 자기와의 싸움과 끝없는 훈련을 통하여 약

---

23 그도 사람인지라 고향을 떠나 타향살이를 하며 쌓인 외로움을 달래다가 늦은 밤 음주단속에 걸려 망신을 당하기도 했지만.

점을 보완하고 장점을 최고로 발휘할 수 있는 몸 상태를 유지, 보존하는 일이 무엇보다도 필요하다. 그런데 이 같은 요건이 비단 운동선수에게만 해당되는 일은 아니다. 일반인들도 자신의 영역에서 인간됨을 보여주며 최고의 실력을 갖춘 자로서 최선을 다하고 겸손하게 자신의 일을 해나간다면 사회에서나 자신이 속한 공동체에서 존경받는다. 연예인과 다른 운동선수의 명성은, 대중들에게 다가서는 것이 아니라 대중들이 다가가려는 자라는 점에서 독자적 특성을 지닌다. 성공한 운동선수는 대중들이 닮고 싶은 삶을 구현한 사람이다. 그의 명예와 품격은 그가 속한 사회가 기대하는 드라마틱한 인간 승리를 통하여 확고해진다.

언어

스포츠 경기는 늘 극적이다. 어떤 경기에서든 싱거운 상대란 없다. 다른 라이벌과 맞서 힘겹게 이겨내고 결승전에 오르고 힘겹게 승리를 거머쥔다. 그런 만큼 경기는 늘 박진감이 넘치고 손에 땀을 쥐게 만드는 안타까움과 위기가 상존한다. 경기에서 승리가 값진 것은 그만큼 위기를 이겨낸 성취이기 때문이다. 바로 이러한 묘미 때문에 우승한 자는 영웅의 자격을 얻는다. 그런 점에서 운동 경기는 인간의 삶과 그다지 다르지 않다. 삶에도 우여곡절이 많기 때문이다. 실패와 좌절을 견디어내며 값진 성취를 이룬 삶은 마땅히 존경을 받는다. 바로 그들이 영웅이다. 운동 경기는 그런 모습을 축약해서 보여준다.

그러나 모든 우승자들이 대중의 찬사를 받지는 않는다. 방황과 위기

같은 수많은 역경을 이겨내고 오직 인내와 노력과 실력으로 모든 난관을 이겨내며 가장 강력한 경쟁자를 물리친 뒤 얻은 성공을 물거품으로 돌려버리는 일도 비일비재하다. 이는 성공에 취한 다음 자기관리를 게을리 한 자에게 반드시 주어지는 업보이다. 잘못된 행동에서 그런 사단이 일어날 수도 있지만, 잘못된 말 한 마디가 예상치 못했던 불행의 씨앗이 되는 경우도 많다.

말은 인격의 거울이라고 한다. 말 안에는 그 사람의 평소 생각과 행동의 기준이 담겨 있다. 욕설이 많으면 비천해 보인다. 그러나 우아하고 세련된 언어는 그 사람을 다시 보게 만든다. 겸손한 언어가 오히려 사람을 다시 보게 만들기도 한다. 높아질수록 낮아지고 낮아질수록 높아진다는 역설은 말의 세계에서 나타나는 현상이다. 골라서 쓴 말은 그만큼 인격과 품위를 더한다. 그런 점에서 스포츠맨의 언어 또한 정제될 필요가 있다. 어디 스포츠맨뿐이겠는가. 정제되고 감정이 절제된 표현, 우아하고 품위 있는 표현은 그 사람의 이미지를 돋보이게 한다.

인터뷰의 세계는 미디어의 대표 격인 신문과 방송에만 그치지 않는다. 텔레비전만 해도 공중파와 케이블 방송, 인터넷 방송으로 확장되었고, 신문은 이제 종이신문을 넘어 DMB, 스마트폰, 태블릿 등으로 전송되기에 이르렀다. 거기에다 인터넷이라는 멀티미디어에서는 오래 전부터 개인 블로그나 홈페이지가 만들어졌으나 최근의 경향은 그보다도 더 신속한 실시간 통신으로 바뀌고 있다. 익명의 개인들이 관계 맺는 방식은 유튜브나 트위터, 페이스북 같은 소셜 네트워크에서도 잘 확인된다. 현대의 미디어는 텔레비전만이 아니라 매체를 달리해서 실시간으로 경기가 중계된다. 마음만 먹으면 텔레비전만이 아니라 컴퓨터나 휴대폰의 액정화면에서도 실시간으로 중계방송을 볼 수 있는 게 오늘의 사회가 가진 정보 환경이다. 이를 두고 어떤 학자는 텔레마틱(telematic) 사회라고 한다.[24]

무한대로 확장되는 미디어 환경에 의해 운동선수들은 나름대로 메일이나 동영상 등을 활용해 정보화의 과실을 누리기도 하겠지만 그 반대급부도 분명하게 있다. 이름 없는 인물이 어느 날 신데렐라처럼 공주로 등극하며 어제의 영웅이 추문으로 영원히 씻지 못할 범죄자로 전락해버리기도 한다. K리그의 한 선수는 득점왕이 될 만큼 최고 수준의 경기력을 발휘했지만 병역 면제를 위해 정신질환자로 가장했다가 탄로가 나서 유치장 신세를 지는 처량한 존재가 되기도 했다. 이런 소식의 전파는 운동선수 자신에게나 스포츠계에서는 결정타를 가한다. 이제 오늘의 미디어가 가진 속성에 적응하고 대처하는 문제가 중요해지고 있다. 미디어를 어떻게 내편으로 만들 것인가의 문제는 대비하면 할수록 운동선수 자신에게 그만큼 유리한 셈이다.

---

24 그리스어 텔로스 telos는 '실시간'이라는 의미를 갖는다. 이는 동시적으로 전개된다는 뜻이기도 하다. telephone은 동시적인 음성대화를 뜻하는 telos와 소리를 뜻하는 phones의 합성이며, television의 vision은 실시간의 영상 또는 그림이라는 뜻이다.

2장

관찰

신문의 스포츠 면이나 방송의 스포츠 뉴스 시간을 지배하는 콘텐트는 '현장의 소식'이다. 인터뷰조차 현장의 생생함을 돋보이도록 하기 위한 장치로 활용되는 경우가 많다. 예를 들어 프로야구의 이정후 선수가 홈런을 쳤고, 그 홈런이 장외로 날아간 큰 타구였다고 하자. 방송의 스포츠 기자가 관중 가운데 한 사람을 인터뷰해 "그렇게 큰 타구는 처음 봤어요."라는 코멘트를 얻었다면 이 코멘트는 가치가 없지는 않지만 빠진다고 해도 기사의 구성요건에 위협이 될 정도는 아니다. 중요한 내용은 이정후 선수의 홈런이고 그 홈런이 만들어낸 경기의 흐름과 결과이다. 이러한 내용을 전달하는 역할은 역시 기자가 기사를 통해 해야 한다. 그리고 좋은 기사는 세밀하고도 정확한 관찰에 기초하지 않고는 얻어낼 수 없다.

기자의 관찰 능력이 이토록 중요하기에, 스포츠 보도의 기술을 다루는 책자는 대개 관찰 기법과 관련한 장을 두고 있다. 이 책을 쓰는 데 영감을 제공한 방열 교수의 『스포츠 보도론』과 토머스 펜시의 『스포츠 기자 핸드북』이 모두 관찰 기법에 대한 설명을 빠뜨리지 않았다. 그러나 실제 취재와 기사 작성을 위한 매뉴얼을 필요로 하는 현장 기자에게는 방 교수의 책이 그 양이나 깊이라는 면에서 펜시의 책에 비해 비교할 수 없을 만큼 유용하다. 방 교수의 『스포츠 보도론』은 그가 책을 펴내면서 언급했듯이 브루스 개리슨이 쓴 『스포츠 보도』를 편역(編譯)한 것으로서 내용이 사뭇 충실하다. 따라서 이 장에서는 주로 방 교수(즉 개리슨)의 저술 방식을 수용하여 관찰 기법을 고찰하고자 한다.

매의 눈, 박쥐의 귀

스포츠 기자들은 경기장과 스포츠계 주변에서 일어나는 일에 대한 자신의 관찰력에 크게 의존한다. 경기의 취재를 비롯한 가장 기본적인 스포츠 보도는 경기장에서 벌어지는 상황을 직접 보고 기록하는 일로부터 시작된다. 뛰어난 관찰 능력을 가진 스포츠 기자들은 경기의 진행 상황뿐 아니라 경기의 결과에 영향을 미치는 작은 움직임까지도 관찰할 수가 있다. 이들의 눈은 단지 경기장 안에 고정돼 있지 않다. 경기의 흐름을 놓치지 않으면서도 경기 상황 밖에서 벌어지는 주변 인물들의 움직임과 관중석의 분위기까지 한눈에 넣고 머릿속으로 분석과 종합을 되풀이한다.

박지성(29·맨체스터 유나이티드·사진)이 올 시즌 첫 골과 두 개의 어시스트를 기록하며 훨훨 날았으나 알렉스 퍼거슨(69) 감독은 이를 지켜보지 못했

다. 유럽축구연맹(UEFA) 챔피언스리그 준비 차 스페인으로 날아간 탓에
자리를 비웠다.

맨체스터 유나이티드(이하 맨유)의 마이크 펠란 수석코치는 23일(이하
한국시간) 영국 스컨소프 글랜포드파크에서 열린 스컨소프(2부리그)와의
2010~2011시즌 잉글랜드 칼링컵 3라운드에서 5대2로 이긴 뒤 현지 방
송사 스카이스포츠와의 인터뷰에서 퍼거슨 감독의 불참 사유를 밝혔다.
펠란 코치는 "퍼거슨 감독이 (챔피언스리그 2차전 상대인) 발렌시아의 스페인
프리메라리가 경기를 관전했다. 레인저스와의 1차전에서 비겼던 만큼 발
렌시아와의 2차전을 준비하는 것이 중요했기 때문"이라며 "(칼링컵 지휘와
챔피언스리그 준비 중 하나를) 선택해야만 했다"고 말했다.

맨유는 오는 29일 챔피언스리그 조별리그 2라운드에서 발렌시아와 격
돌한다. 맨유는 챔피언스리그 조별리그를 1위로 통과하기 위해 발렌시아
를 반드시 물리쳐야한다. (중략) 따라서 퍼거슨 감독은 발렌시아의 전력을
탐색하기 위해 칼링컵 3라운드를 포기했던 것이다. 퍼거슨 감독의 빈 자
리에는 펠란 코치가 대신 앉아 맨유 선수들을 지휘했다. 스컨소프는 맨유
가 퍼거슨 감독의 지휘 없이도 이길 수 있는 상대적 약체.

그러나 박지성에게는 퍼거슨 감독의 부재가 여간 아쉬운 게 아니었다.
시즌 초반 득점은커녕 부진한 경기력으로 일관했던 박지성은 이날에만
세 개의 공격 포인트를 작성하며 부활의 신호탄을 쏘아 올렸다. (중략) 박
지성이 골과 도움, 승리를 모두 쟁취하며 올 시즌 들어 가장 완벽한 경기
력을 보여준 날이었으나 이를 지켜봤어야 할 퍼거슨 감독이 자리를 비워
아쉬움을 남겼다.[01]

---

01   국민일보 쿠키뉴스, 2010. 9. 23.

이 기사는 독자에게 잉글랜드 프로축구 대회인 칼링컵에서 맨체스터 유나이티드가 스컨소프를 5:2로 이겼다는 정보만을 전달하고 있지 않다. 기사를 읽는 독자는 박지성 선수가 출전하여 1골 2어시스트를 기록하는 빼어난 활약을 했다는 사실과 맨체스터의 알렉스 퍼거슨 감독이 이례적으로 경기를 지휘하지 않았다는 사실도 알 수 있다. 그러나 궁금증을 남기지는 않았다. 기자는 왜 퍼거슨 감독이 자리를 지키지 않았는지 맨체스터가 처한 상황을 곁들여 자세히 설명하였다. 또한 퍼거슨 감독의 공백이 박지성 선수에게는 어떤 의미가 있는지도 충분히 설명하였다. 경기장을 지키는 기자는 이 기사에서와 같이 많은 요소들을 고려하면서 경기장 주변을 스쳐가는 시간과 상황에 주목한다. 물론 이 기자는 텔레비전 중계와 외신의 보도에 의존하고 있다. 그러나 경기장 밖의 요소들에 주목할 줄 모른다면 이렇게 많은 정보를 담은 기사를 쓰기 어려웠을 것이다.

기업은행과의 경기에서 기아의 최인선 감독은 왜 팀의 간판이자 주포인 허재를 후반 내내 벤치에 앉혀 두었을까.

"연습 중 왼쪽 눈 아래가 찢어졌다. 의심스러우면 확인해도 좋다."

경기가 끝난 후 최 감독은 별다른 감정을 드러내지 않은 채 '부상'을 이유로 들었다. 그러나 이 날 허재는 스타팅 멤버로 코트에 나섰고 게임을 앞두고는 "본때를 보여 주자."며 동료들을 독려하는 성의를 보여 주었다. 과묵한 허재의 성품에 비춰 보면 대단한 성의였다. 허재는 "오늘은 컨디션이 좋지 않았다."는 짧은 한 마디를 남기고 경기장을 떠났다. 그러나 최 감독이 게임을 놓치면서까지 허재를 벤치에 앉혀 둔 것은 의문이었다.

허재는 전반 15분경 벤치로 불려 나갈 때까지 2리바운드, 2어시스트를 올리며 나름대로 팀플레이를 펼쳤다. 그러나 후반 스타팅으로 잠시 기용됐던 허는 2분도 되기 전에 다시 벤치로 불려 나갔고 영영 코트에 들어서지 못했다. 기아는 93~94시즌 두 다리에 피멍이 든 만신창이의 허재를 풀가동한 일이 있고 지난해 10월 코리안 리그에서도 발목이 성치 않은 허재를 계속 기용했다. 허재의 상처는 언제 아무는가. 허의 컨디션은 언제까지 나쁠 것인가.

허재 대신 팀 공격을 떠맡은 강동희(29점, 3점슛 7개, 7인터셉트), 김영만(22점, 5리바운드)의 분전에도 불구하고 기아는 기업은행에 75:70으로 무너져 7승 4패를 마크했다. 후반 15분경 66:58로 뒤진 채 기아 벤치에서 타임아웃을 신청하자 모두들 허재의 투입을 예상했다. 그러나 허재는 벤치를 지켰고…(후략)[02]

위의 예문은 『스포츠 보도론』에 실렸다. 농구를 다룬 이 기사에서 기자는 경기의 흐름과 기아 소속인 허재 선수의 기용 양상을 동시에 관찰하면서 두 요소를 결합해 한 꼭지의 기사에 녹여 넣었다. 이 기사를 읽는 독자는 기자 팀 내부에 뭔가 문제가 있어 허재 선수가 제대로 출전하지 못했으며 허재 선수가 빠진 팀은 기업은행과의 어려운 경기에서 이길 만한 힘이 없었다는 기자의 시각에 동화되기 십상이다. 이 기사에서 기자는 별다른 주장을 하고 있지 않지만, 기아 팀 내부의 상황에 대해 강한 의혹을 제기하고 있다. 기자의 시각을 강력하게 반영하고 있으면서도 기

---

02 중앙일보, 1996. 2. 1.

자는 기사 뒤에 몸을 숨기고 있다.

과연 진상은 무엇인가. 의문의 실체는 또 어떤 것인가. 최용수는 도저히 뛸 상황이 아니었나. 노정윤은 왜 물병을 집어 던졌나. 온 국민의 관심을 모았던 멕시코전에서 보여준 차범근 감독의 예상치 못한 용병술은 아직도 의문을 자아내고 있다. 또 그 용병술은 일반 팬들조차 의문을 제기할 만큼 명쾌하게 납득이 가지 않는 부문이 많은 것도 사실이다. 멕시코전 패배 이후의 선수단 분위기도 궁금하지 않을 수 없다.

첫 경기가 끝난 뒤 이틀이 지난 15일 낮. 월드컵 대표 팀의 베이스캠프인 파리 외곽의 노보텔 생컹텡에선 한국 취재진들을 위한 기자회견이 열렸다. 차범근 감독을 비롯한 황선홍, 최용수, 노정윤 등 관심의 초점이 되고 있는 당사자들이 모두 참석, 마치 청문회장을 방불케 하는 질의와 답변을 1시간 여 동안 가졌다. 때로는 살얼음판을 걷는 듯한 긴장감이 흘렀고 때로는 웃음도 터졌다. 하지만 웃음은 극히 일부였다.

최용수는 기자회견이 진행되는 동안 캔 주스를 두 개나 마시면서 답답한 속내를 드러냈다. 차 감독이 "다혈질적인 성격 때문에 레드카드를 받을까봐 스타팅 멤버에서 제외했다."는 말을 할 때는 한숨을 내쉬기도 했다.

상의를 얼굴 위까지 끌어올리는 동작을 반복하는 등 복잡한 심사를 내비친 최용수는 기자들의 단도직입적인 질문에 차 감독을 의식한 듯 다소 부담스러워 하면서 "선수기용은 전적으로 감독의 권한이며 뛰지 못한데 대한 불만은 전혀 없다."고 밝혔다. (중략) 남은 경기 출장이 불투명한 노정윤은 "물병을 집어던진 것은 전적으로 월드컵 출장의 기회를 잡고도 몸이 제대로 따라주지 않은데 대한 불만의 표현이었다."면서 선수교체에 대한 무언의 시위는 아니었다고 해명했다.

스포츠서울 취재팀은 독자들이 가장 궁금해 하는 부문을 집중적으로
질문, 의문의 실체를 밝히도록 노력했다. 질문과 답변 사이의 미묘한 흐름
을 잘 음미하면 과연 무엇이 잘못이고 어느 것이 오해인지를 어느 정도 알
수 있을 것으로 보인다.[03]

축구를 다룬 위의 예문에서는 농구 기사에서와 달리 기자의 의도가
분명하게 드러난다. "스포츠서울 취재팀은 독자들이 가장 궁금해 하는
부문을 집중적으로 질문, 의문의 실체를 밝히도록 노력했다. 질문과 답
변 사이의 미묘한 흐름을 잘 음미하면 과연 무엇이 잘못이고 어느 것이
오해인지를 어느 정도 알 수 있을 것으로 보인다."라고 쓴 부분은 완곡함
을 가장했을 뿐 사실은 아주 노골적이다. 최용수 선수의 몸짓과 행동, 발
언 내용을 전하는 모든 문장이 의혹의 확대를 지향하고 있다. 따라서 기
자는 기사를 기획할 때부터 차범근 감독의 선수기용에 심각한 잘못이
있었다는 문제의식에서 출발한 것 같은 인상을 준다. 기사가 묘사하고
있는 것과 같은 상황에서 사실 취재원들의 발언은 중립적일 수밖에 없
다. 중립적이라는 말은 취재원이 구사하는 모든 언어가 가치중립을 지향
한다는 뜻이 아니다. 플러스 요소를 지닌 언어와 마이너스 요소를 지닌
언어가 교차하는 가운데 그 '양적' 평균치가 중립의 좌표에 놓이는 경우
가 대부분이다.

기자들은 취재원의 여러 가지 발언 가운데 유의미하다고 생각되는 언

03   스포츠서울, 1998. 6. 16.

어를 선택하여 기사 작성에 활용한다. 취재원의 언어를 선택하는 단계에서 기자의 판단과 가치관이 개입한다. 이런 이유 때문에 기자는 선입견, 통념, 단정의 유혹으로부터 자유롭기 위하여 끊임없이 자신의 의식과 감정을 다스려야 한다. 또한 스포츠 기자들은 경기와 관련 없는 기사작성을 위해서도 관찰기술을 향상시켜야 한다. 기자들은 인터뷰 중에 포착되는 말 이외의 다른 단서를 이용해서 취재원이 사실을 말하고 있는지 그렇지 않은지 알 수 있다. 선수를 소개하는 인물 기사를 쓸 때는 관찰기술이 가장 큰 도구가 된다. 정확한 관찰을 통하여 분위기와 배경 등에 대한 다양한 묘사가 가능하다. 기술적 성격이 강한 기사를 작성하기 위해서는 집중적이고 세밀한 관찰이 필요하다. 책이나 잡지 기사를 쓰는 스포츠 라이터든 일간 신문 기사를 쓰는 기자이든 현대의 스포츠 저널리스트들에게 있어 관찰 기법은 보도 기술의 근간을 이루는 요소이다. 스포츠 기자는 자신이 독자의 눈과 귀, 그리고 코라는 생각으로 취재 대상에 접근해야 한다. 각종 정보를 수집하여 기사를 작성하되 정보 수집가로서 독자의 마음속에 올바른 이미지를 심어줄 수 있는 정확한 정보를 관찰을 통해서 추출할 수 있어야 한다.

유효성

경기를 비롯한 스포츠 행사를 지켜보는 일은 스포츠 기자가 해야 할 주된 역할이다. 스포츠 보도에 있어서 기자의 관찰은 가장 중요한 요소이다. 기자가 노련하고 체계적으로 관찰한다면 보다 유익한 취재의 결과물을 얻을 수 있다. 그런데 기자들은 종종 관찰자로서의 위치를 망각한다. 그 결과 눈앞에 펼쳐지는 현상을 그저 바라보기만 할 뿐 정확하게 인식하지 못하는 경우가 있다. 기자들이 현상과 현실을 인지하느냐 그렇지 못하냐에 따라서 유익하고 흥미로운 기사와 평범하거나 무의미한 기사와의 거리차가 발생한다. 그런 만큼 관찰력은 기자의 가장 큰 무기가 될 수밖에 없다. 뛰어난 기자들에게는 그들의 주변에서 벌어지는 상황을 보통의 기자들에 비해 훨씬 빠르고 정확하게 감지하고 실체를 파악할 수 있는 능력이 있다. 이런 능력은 타고나는 면이 있지만 학습을 통하여 훈련되는 부분도 적지 않다.

관찰 능력의 향상을 위하여 개발된 교육 방법도 많다. 이들 대부분은 현장에서 이루어지는 실무 교육을 통하여 이루어진다. 인류학, 사회학 및 심리학 등 사회과학의 연구 성과가 기여하는 부분도 있다. 관찰 기법의 주요 특성 가운데 하나는 유효성(validity)이다. 기자에게 관찰은 일종의 보험 역할을 하는데, 다른 형태의 정보원들로부터 수집한 정보의 정확성을 감별할 수 있는 수단이 된다. 기자들은 취재원들의 구두 답변에만 의존할 수 없다. 따라서 모든 정보 요소에 대해 면밀히 관찰함으로써 취재원이 사실과 다른 정보를 제공하거나 일부 또는 전부를 은폐하고자 하는지, 논리적으로 모순이 있는 말과 행동을 하는 것은 아닌지 알 수 있다. 또한 세심한 관찰은 실체가 불분명하고 사실 여부가 모호한 일에 대해 확인 수단이 된다. 기자들은 취재원의 소극적이고 애매한 태도나 정보 요소들의 난삽함, 교묘한 방해 요소들로 인하여 보편적인 방식으로 기사 정보를 수집하기 어려운 난관에 봉착하곤 한다. 이러한 문제를 해결하는 방법 가운데 매우 유용한 수단이 바로 직접관찰이다. 현장에서 벌어지는 상황과 현상, 사건들을 직접적으로 살펴보고 사람들을 만나 인터뷰함으로써 확인하는 일이다. 직접관찰의 효과는 취재원에 대한 인터뷰나 자료가 되는 문헌조사의 효과를 능가할 때가 많다.

관찰기법은 인터뷰 및 문헌조사 등 정보수집의 결과물이라는 기반 위에서 위력을 발휘한다. 관찰과 인터뷰, 문헌조사라는 취재의 세 가지 요소는 거의 동시에 진행되어야 한다. 이 세 가지 요소를 따로 떼어 한 가지만 적용해서는 정확한 취재를 하기 어렵다. 대부분의 기자들은 누군가를 인터뷰할 때 인터뷰 대상자의 옷차림과 인터뷰 현장에서 오간 대화의 분위기, 인터뷰 대상자의 얼굴 표정과 몸짓 하나하나를 빠짐없이 기록할 것이다. 이러한 관찰은 정확한 기사를 쓰기 위해 빠뜨려서는 안 될 작업이다. 직접관찰은 인터뷰와 마찬가지로 생동감으로 가득 찬 기사를 쓸 수 있게 해준다. 잘 취재된 기사의 문장은 살아 숨 쉬는 듯 취재 대상의 세세한 부분까지 빠뜨리지 않고 독자에게 전달한다. 그러나 관찰을 통해 취재를 완성하지 못한 기자들의 기사는 불완전할 것이다.

현장을 누비는 기자들은 환경에 지배당할 위험에 노출돼 있다. 특히 스포츠를 취재하는 기자들은 스포츠 경기장이나 스타 선수의 인터뷰 현장에서 감정에 유도될 가능성이 크다. 스포츠는 태생적으로 사람의 가슴을 들끓게 하는 마력을 지니고 있다. 그렇기에 기자들은 더더욱 강한 집중력을 요구받을 수밖에 없다. 기자가 기사거리를 포착하여 행동(취재)에 나섰다면, 그는 냉혹할 정도로 이성적이어야 하고 어떠한 유혹과 방해에도 교란되는 일 없이 팩트의 중심으로 파고들어야 한다. 기자의 움직임은 빛처럼 빠르면서도 소리 없이 수행되어야 마땅하다. 기자에게는 포착한 먹잇감(기사거리)을 시야에서 놓치기 십상인 유혹이 순간순간 닥친다. 그 유혹은 매우 매력적인데, '이 기사거리보다 더 큰 기사거리를 포착할 수 있을 것 같다'는 예상 또는 누군가의 설득이거나 '이 기사거리를 단번에 빼먹을 게 아니라 두고두고 기사화해 앞으로 열 번은 더 기사를 쓸 수 있겠다'는 것과 같은 판단(대개는 정확하지 못한)들이 그렇다.

그러므로 기자는 순간적으로 달라지기도 하는 취재 현장의 환경과 취재 대상의 움직임에 절대적으로 집중해야 하는 것이다. 선수들의 숙소나 훈련장, 코치나 운동 팀 관계자들의 사무실에는 기사가 될 만한 무엇인가가 똬리를 틀고 있다. 현장은 기사의 광맥인데, 좋은 광부(기자)만이 채굴해 낼 수 있다. 기자에게 반드시 필요한 관찰기술 뿐 아니라 고도의 인내력과 집중력 역시 타고난 재능을 필요로 하는 것은 물론이지만 경험과 교육을 통한 능력치의 향상도 얼마든지 기대할 수 있다. 사실 특종은 타고난 기자보다는 우직하게 진실의 문을 향해 육박해 들어가는 성실한 기자에게서 많이 나온다.

관찰에 있어서 결정적인 작용을 하는 요소 가운데 하나는 시각(내지 시야)의 문제이다. 예컨대 한 기자가 경기장에서 선수들의 플레이를 보는 시각은 다른 기자와 다를 수 있다. 시각의 차이는 관찰내용을 정보로 전환할 때 큰 차이를 발생시킬 수 있다. 매우 혼잡한 기자회견장에서 안목이 뛰어난 기자는 그렇지 않은 기자에 비해 기자회견에 참석한 취재원의 표정을 통하여 아주 상세한 정보(또는 그 단초)를 포착할 수도 있다. 모름지기 기자는 치밀해야 한다. 치밀함은 보도의 가장 기본적 요소에 속한다. 기자는 상대방의 발언을 경청해야 하며 이 요구는 설령 기자가 취재원과 대화 형식으로 인터뷰하고 있을 때도 해당된다. 기자는 말을 많이 하는 것보다는 취재원이 많은 말을 할 수 있도록 유도하고 분위기를 조성해야 한다. 스포츠 경기 중에는 논란이 따를 만한 플레이가 나오곤 하는데, 이런 논란은 과거의 경우 전적으로 기자를 포함해 경기를 관찰한 사람들의 시각차에 의해 발생하였다. 서독과 잉글랜드가 격전을 치른 1966년 잉글랜드 월드컵 결승에서 벌어진 골 판정 논란이 좋은 예이다. 잉글랜드의 제프 허스트 선수가 슛한 공이 크로스바를 맞고 골라인 부근에 떨어졌는데, 심판은 골을 선언했다. 골라인을 넘지 않았다는 것이 서독 선수들의 주장이었지만 받아들여지지 않았고 논란은 최근까지도 계속돼왔다. 비디오를 분석한 전문가들은 골라인을 넘지 못했다는 쪽에 무게를 두고 있지만 명쾌하게 결정이 난 문제는 아니다. 이러한 논란은 최근 눈부시게 발달한 비디오 판독 기술에 의하여 상당히 줄일 수 있게 되었다.

2010년 남아프리카공화국 월드컵에서 잉글랜드와 독일이 8강 진출을 위해 16강전 경기를 했을 때는 잉글랜드의 프랑크 람파드 선수가 슛한 공이 크로스바를 맞고 골라인 근처에 떨어졌다. 주심은 잉글랜드의 골을 선언하지 않았다. 그러나 중계방송 화면은 강하게 회전이 걸린 공이 골라인을 완전히 넘어갔다가 골문 밖으로 튀어 나오는 장면을 정확하게 보여주었다. 시청자들은 즉시 주심과 선심이 잘못된 판정을 했음을 알 수 있었다. 그러나 경기장 안에서는 순식간에 벌어진 이 상황에 대해 정확한 판단을 내리기 어려웠을 수 있다. 기자들도 나중에 비디오를 보고 확인하게 되는 경우가 허다하다. 테니스와 같은 경기에는 비디오 판독 시스템을 이용해 판정의 오류를 바로잡는 제도가 있지만 축구는 한참 뒤에야 테크놀로지에 의한 판정을 인정하였다. 4차 산업 혁명은 축구계에도 새 기술을 선보였는데, 가장 큰 변화는 비디오 판독 시스템(VAR, Video Assistant Referee)의 등장이다. 국제축구연맹(FIFA)은 2016년 12월 일본에서 개최된 클럽 월드컵에서부터 비디오 판독 시스템을 도입했다. 2017년 7월부터 한국의 K리그도 도입을 시도했고, 2018년에는 K리그 2까지 확대되었다. 월드컵에서는 2018년(러시아)부터 VAR을 사용했다. 잉글랜드 프리미어리그는 2019-20시즌부터 도입했고 이후 유럽 전역의 리그에 이 기술이 도입됐다.

관찰하는 기자의 능력과 재능, 가치관과 같은 요소들이 몇 가지 문제를 발생시킬 수도 있다. 기사의 시력은 분명히 스포츠 경기를 관찰하는 데 영향을 줄 수 있다. 심지어는 기자가 어느 자리에 앉았느냐도 변수가 된다. 관찰 각도의 한정성이 시야에 장애요소로 작용하는 예가 허다하다. 기자가 정서적으로 안정되어 있느냐 흥분하고 있느냐에 따라서 시야는 크게 달라질 수 있다. 또한 기자들은 시야를 넓게 가지기 위해 노력하다가 꼼꼼히 챙겨 두어야 할 세세한 팩트들을 놓치는 수도 있다. 모노럴 (monaural)한 시야, 즉 일정한 (또는 개인적으로 선호하는) 각도에서 이루어지는 관찰에만 집착하여 진정으로 검토되어야 할 사항을 놓치는 수도 있다는 뜻이다. 기자가 지닌 독특한 가치관이나 기자의 학연·지연·개인적인 친소 관계·데스크의 요구와 압박·기자가 속한 언론사 내부의 분위기 등이 상황을 관찰하는 데 객관성이나 판단의 정확성에 영향을 줄 가능성은 늘 있다.

관찰의 또 다른 측면은 주어진 상황을 관찰하고 묘사하는데 스타일리스트로서의 재능과 의무를 가미하여 기사에 색채를 부여하는 경우다. 색채가 부여된 관찰과 보도는 여러 가지 위험요소(상황에 대한 주관적 반응과 적용이라는)에도 불구하고 독자들에게 현장감을 주고 기자가 인지한 감각적 자극을 직접적으로 제공하는 선작용(善作用)을 수행한다. 이러한 수단은 관찰자들에게 떠올랐을 법한 생각, 그리고 그들이 듣고, 보고, 냄새 맡고, 만지고, 맛보고, 호흡했을 법한 요소들을 글로 옮기는 것이다. 이러한 작업은 독자들이 관찰하였을 것과 똑같은 경로를 통해 관찰하는 관점을 적용할 경우에 기대할 수 있는 최선의 결과를 만들어낼 수도 있다.

기자라는 신분을 이용한 최소한의 참여가 이점이 될 수도 있다. 왜냐하면 기자의 신문이나 잡지에의 소속은 그로 하여금 어떤 사건이나 상황을 관찰하는데 필요한 더 좋은 시각을 가질 수 있게 해주기 때문이다. 이러한 현상은 스포츠 기자에게 기자석, 코트나 링 옆자리 또는 경기장의 사이드라인 출입증이 주어지는 경우 확연하다. 기자의 참석은 상황을 바꿀 수도 있다. 즉 기자회견, 대형 개막전(grand opening), 저명인사 참석 등 제반 행사를 언론의 독점행사로 만들 수 있다. 즉 독점적 취재와 보도가 이루어질 가능성이 있다.

기자에 의한 직접관찰은 기사에 신뢰감을 줄 수 있다. 기자 자신이 목격자가 됨으로써 보도력을 제고시킬 수 있음은 의심의 여지가 없다. 직접관찰의 또 다른 이점은 전화에 의한 목격자 조사처럼 중간 정보원을 이용해 상세 정보를 수집하는 경우 발생하는 오차를 피할 수 있다는 점이다. 간접적인 방식인 제보에 의존하는 경우, 기자는 직접관찰의 모든 가치 가운데 가장 유력하고 효과적인 부분을 포기하는 것이며 불완전한 기억력, 편견, 오해, 정보를 왜곡시키는 기타 형태의 간섭을 피하기 어렵다. 그러나 직접관찰에 의한 정보 수집은 불리한 점도 있다. 직접관찰은 많은 시간을 필요로 하며 출장 등이 필요해질 경우 경비 부담을 발생시킨다. 뿐만 아니라 때때로 기자들이 한 각도에서만 관찰할 수도 있기 때문에 위험스럽고 신빙성을 잃을 수도 있다.

이러한 문제를 피하기 위해 데니스 에버렛과 아놀드 이스막은 몇 가지 예방 내지 해결 방안을 제시하였다. 첫째, 방이나 사무실 안에 있는 물건들 혹은 친구들의 용모 등 세세한 사항을 외우는 등 연습을 통해 자신을 훈련하라. 둘째, 유리한 위치가 오히려 관찰을 흐리게 할 수 있다. 관찰을 원하는 대상과 관찰의 관점을 확실하게 정하라. 셋째, 세세한 사항에 관해 다른 관찰자들과 크로스 체크(cross-check)하라. 넷째, 태도와 얼굴표정 및 육체 언어(body language) 등 비언어적(non-verbal) 대화 수단에 대해 연구하라. 다섯째, 짜증 등 신체적 징후를 찾아내라. 여섯째, 관찰 사항은 가급적 신속히 메모하라.

참여관찰

기자가 선수가 되어 대회에 출전하는 방식은 참여관찰의 특수한 사례일 뿐 일반 형태의 관찰에 의한 보도기법은 아니다. 최근 국내언론에서는 오지 탐험이나 장거리 사막 레이스, 고산 등반 등 특수하고도 예외적인 일부 분야에 직접 기자를 참여시켜 관찰과 보도를 병행케 하는 경우가 많다. 그러나 실제 스포츠 경기에 이러한 취재방식이 도입되는 경우는 거의 없다. 물론 참여관찰은 어느 곳에서든 비참여관찰 못지않게 유용할 수 있다. 정보수집 수단으로서의 참여관찰은 그 기원을 사회학 및 인류학에 두고 있다. '네이버 백과사전'의 정의에 따르면 참여관찰은 데이터 수집기법(蒐集技法) 중 관찰법의 하나이다. 관찰에는 비통제적(非統制的) 관찰과 통제적 관찰이 있는데, 비통제적 관찰은 다시 비참여적(非參與的) 관찰과 참여적 관찰로 구분된다. 참여적 관찰은 관찰자 자신이 관찰 대상 집단이나 커뮤니티의 일원이 되어 그 사회과정에 참가하여 관찰·기록하는 방법을 말한다. 있는 그대로의 사상(事象)을 직접 눈으로 보고 관찰할 수 있다는 데에 장점이 있다. 그러나 직접 눈으로 목격하는 사건이나 상황은 매우 생생하고 박력이 있지만 복잡하게 얽혀 있는 수가 많기 때문에, 자칫하면 인상본위(印象本位)의 주관적인 관찰에 빠지기 쉽고, 따라서 관찰과정과 관찰결과의 과학성(科學性)에 문제가 제기될 수 있다는 단점이 있다. 참여관찰은 어찌 됐든 효과적인 정보수집 수단으로서 기자들의 인정을 받아왔다.

가능하기만 하다면, 스포츠 저널리즘에 있어 참여관찰은 보도기법으로서 매우 효과적이다. 예컨대 코치가 팀을 가르치면서 이에 관한 기사를 쓴다든지 야구 경기에 진행 요원으로 참가한다거나 골프 대회에 캐디 자격으로 참가하는 일은 독자들에게 현장 체험을 통해 얻은 인상이나 느낌을 전달할 수 있는 관찰 방법이다. 이런 점에서 참여관찰은 가장 순수한 형태의 관찰이다. 이는 정보원이 기자의 실제적인 직업적 신분을 모르고 있는 경우에 특히 그러하다. 기자들이 격리된 관찰의 벽을 넘어 직접관찰을 할 수 있기 때문이다. 신원을 밝힐 경우에는 기사에 지장이 초래되기도 하지만, 신원미상의 관찰은 윤리적 문제를 야기할 수 있다. 따라서 이 방법은 달리 기사를 취재할 방도가 없을 경우에만 사용해야 한다. 예컨대, 정보원이 어떤 활동이나 관심사에 관한 대답이나 정직하고 정확한 정보제공을 거절할 경우에는 기자가 신분을 숨기고 관찰에 임할 수밖에 없을 것이다. 그러나 기자가 신분을 숨기는 데는 한계가 있으며 도덕적 부담도 적지 않다. 기자 신분을 밝히고 취재하는 것이 더 바람직하다. 기자가 신분을 밝히고 관찰을 시작한다 해도 관찰 대상이 되는 인물들은 관찰자인 기자의 존재에 익숙해져 자신들의 자연스런 태도와 행동을 회복할 가능성이 크다고 본다.

참여관찰의 또 다른 장점 중 하나는 정보원이 기자와의 대화를 꺼리는 경우 인터뷰 대신 이 방법을 쓸 수 있다는 점이다. 이러한 정보원의 예로는 불법적 스포츠 도박을 운영하는 자, 수준 높고 규모 큰 직업적 스포츠 마케팅 사업종사자, 공공 스포츠 시설 및 공공자금의 관리자 등을 들 수 있다. 또한 참여관찰에 의한 보도는 기자들이 간접적인 관찰에 의존해야 하는 부담을 줄여 준다. 또한 참여관찰은 가장 좋은 시야를 보장해 준다. 자동차를 타고 경주하는 사막 레이스 대회에 기자가 직접 참여하는 것과 상황실의 텔레비전 모니터를 지켜보는 일은 그 정확성과 세부적 작업의 충실도 면에서 비교가 되지 않을 것이다. 상황실의 의자와 레이스에 참여한 차량의 좌석은 엄청난 차이를 갖고 있다. 비록 그 곳이 지원 차량의 조수석이라고 할지라도. 설령 경주에 직접 참여하지 않더라

도 같은 종류의 차량을 이용해 경기 코스를 한차례 답사하는 일만으로
도 차별적으로 유리한 시각의 확보가 가능할 것이다. 한편으로 스포츠
기자의 보도는 오직 관찰만을 정보수집 수단으로 사용할 경우 다른 방
법에 비해 비체계적일 위험이 있다. 관찰은 참여적이건 비참여적이건 간
에 인터뷰 및 조사 등 다른 취재 방식이 확보하고 있는 명확히 정의된 절
차를 결하고 있을 가능성이 크기 때문이다. 이 부분은 취재 기자가 극복
해야 할 위험이자 도전이다.

　미국의 신문 및 잡지가 참여관찰 보도에 일반적으로 사용하는 방법에
는 두 가지가 있다. 첫째, 인력사정이 허용하면 기자 자신이 참여자가 될
수 있다. 이 경우 기자는 별도의 시간을 사용해서 직접 참여에 의한 취재
활동에 전념할 수 있게 된다. 예를 들어 중앙일보는 1995년 탐험가 허영
호 대장의 북극 횡단을 취재하기 위해 레저 전문 임용진 기자를 동행시
켰고 2000년 산악인 엄홍길 대장의 히말라야 고봉 등정을 커버하기 위
해 산악 전문 김세준 기자를 파견해 캐러밴 멤버로 동행하도록 했다.

　정반대의 방법을 사용해서 스포츠 보도를 수행할 수도 있다. 즉 인적
자원이 부족한 상황에서 그래도 스포츠 편집자들이 특이한 각도에서의
보도(즉 직접관찰에 의한 보도)를 고집할 경우에는 실제 참여자가 기자가 되
어 자신의 체험을 기사화하는 것이다. 유망한 한국 중고등학교 농구선수
의 미국 프로농구 캠프 참가기나 올스타전 참가기, 외국 프로팀에 진출
한 축구나 야구선수의 현장 수기, 경기단체 임원의 대회 참가기 등은 좋
은 예가 된다. 물론 이러한 방식은 흥미로운 기사로서 독자들에게 어필
하는 대신 기사 작성자의 입장에 따라 이해관계가 얽힌 집단 간의 갈등

을 야기할 수도 있다. 현지에 기자를 파견하여 취재한 경우라도 특별한 인물에게 경기 관전기를 받아 게재함으로써 새로운 시각 내지는 경기 외적인 사실을 독자에게 알리는 방법도 있다.

비노출관찰

이 형식의 관찰이 비참여적 혹은 참여관찰과 다른 점은 기자가 어떤 상황의 구성 주체가 아닌, 다시 말해 참석자들에게 아무런 영향을 미치지 못하는 위치에서 사건을 본다는 것이다. 간단히 말해, 기자는 객체의 일원이 된다. 그는 잠재적 정보원들이 자신이 기자임을 모르는 상태에서 행사에 참석한 군중 속에 섞여 활동한다. 이런 경우는 스포츠에서 의외로 흔하다. 예를 들어 올림픽이나 유니버시아드 같은 종합대회를 취재하는 기자들은 관중과 거의 같은 입장에서 개회식이나 폐회식, 시상식을 관찰할 수 있다. 다음은 1997년 시칠리아에서 열린 유니버시아드의 개회식을 취재한 중앙일보 기자의 현지 보도이다. 기자가 관중석에 끼어 앉아 개회식을 관찰하고 있다. 따라서 독자에게 개회식 행사의 내용을 충실하게 전하는 한편 관중들의 반응도 섬세하게 관찰하고 있음을 알 수 있다.

오후 11시. 시칠리아의 서부도시 마르살라 태생의 테너 피에트로 발로가 시칠리안 심포니의 반주로 마스카니의 오페라 '카바렐리아 루스티카나'의 아리아를 열창할 때 경기장의 조명이 모두 꺼졌다. 순간 시칠리아

제일의 도시 팔레르모시 북쪽 해안에 지어진 축구 전용구장 파보리타 코
뮤날레 스타디움은 거대한 노천극장으로 바뀌었다. 관중들은 발로가 부르
는 「돌아오라 소렌토로」, 「오 솔레미오」를 따라 부르며 열광했다.

사르데냐 방향으로 우뚝 솟은 바위산 펠리그리노의 암벽을 푸른 레이
저 조명이 밝히는 가운데 하늘을 향해 쏘아 올려진 또 한 무리의 레이저
조명이 경기장면을 환영처럼 펼쳐 보였다. 현지시간 오후 8시(한국시간 오
전 3시)에 시작된 개막식이 비로소 완성된 모습을 보이기 시작했다. 개막식
이 전하는 메시지는 마침내 뚜렷해졌다. 그것은 '혼돈에서 화합으로', '자
유분방함에서 자유로운 지성으로', '작은 섬 시칠리아에서 세계를 향하여'
가는 평화의 메시지였다.

지중해의 오렌지 빛 태양이 지고 구름에 싸인 달이 오를 무렵 언제인
지 모르게 시작된 식전행사는 혼돈만을 느끼게 했다. 그렇기에 완성된 개
막식의 윤곽은 더욱 뚜렷해 보였다. 경기장 세 곳에 마련된 가설무대에서
가라테와 에어로빅 시범, 주변을 시칠리아풍의 장식으로 단장한 당나귀와
말이 축전행렬을 이끄는 것이 식전행사의 전부였다.

입장식도 초라했다. Corea로 국명을 표기, 30번째로 입장한 한국과
호주·브라질·중국·일본 등을 제외한 대부분의 나라가 기수와 임원 몇 명
만 참가시켰기 때문이다. 관중들은 행사와 무관하게 파도응원을 즐기며
따로 놀았다. 개막식이 시작돼 국제대학스포츠연맹(FISU) 회장 프리모 네
비올로와 조직위원장 니노 스트라노가 거듭 축사를 읽었지만 관중들은
무시하는 분위기였다. 파도응원과 뜻 모를 함성, 그리고 혼돈의 극한!

그러나 해군의장대 6명의 대회기 게양에 이어 이탈리아의 육상스타 아
나리타 신도티가 성화를 점화한 뒤 체조스타 유리 케키가 선수선서를 하
는 순간 혼돈은 사라지고 정적 속에 질서가 자리 잡았다. 혼돈 속에서 정
결한 질서를 추출한 개막식 분위기는 시칠리안 심포니가 저 유명한 '카바

렐리아 루스티카나'의 간주곡을 연주, 식후행사의 시작을 알리면서 화합
과 평화의 세계를 펼쳐 보였다.

식후 행사의 피날레는 아랍풍이 역력한 시칠리아 전통칼춤. 살과 피가
난비하는 전투장면을 묘사한 춤이지만 칼과 칼은 서로 부딪쳐 절묘한 화
음과 청신한 리듬을 빚어냈다. 비로소 관중들은 유니버시아드의 메시지
를 알아차렸다. 스포츠를 통한 경쟁에서 젊은이들의 화해와 하나 됨을 추
구하는 유니버시아드의 숭고한 이념은 자연스럽게 관중들의 가슴 가슴에
아로새겨졌다.

파보리타 코뮤날레 스타디움에서 무려 4시간동안 계속된 개막식은 97
시칠리아유니버시아드의 전 과정을 축약해 보여줬다. 그곳에는 감동과 평
화가 있었고 이탈리아인들 특유의 막힘없는 자유가 있었다.[04]

위의 예와는 다르게 특정 종목과 관련한 문제로 이슈가 되는 취재원
또는 현상을 취재하는 경우라면 관찰의 임무는 지명도가 높은 베테랑
기자보다는 취재원과 해당 종목 관계자들에게 덜 알려진 기자들에게 부
여하는 것이 훨씬 안전하고 효과적일 수 있다. 기자라는 신분이나 취재
의 목적을 일부러 숨길 것까지는 없다. 하지만 기자가 취재 현장에서 취
재원들의 시선을 끄는 일은 어떤 경우에라도 바람직하지 못하다.

보도수단으로서의 비간섭적 관찰과 관련해서 고려해야 할 여러 가지
윤리적 문제가 있다. 취재 의도를 알지 못하는 불특정 다수의 취재원들
이 과도하게 많은 개인 정보를 자신들의 의지와 관계없이 기자에게 채

집당하는 사례가 적지 않다. 기자가 취재원들이 속한 집단 내부의 움직임에 어떤 형식으로든 관여함으로써 그들이 취하고자 하는 행동의 결과에도 영향을 줄 위험도 있다. 이 같은 문제들은 기자가 취재와 보도를 하는 데 있어 중대한 도덕적 장애 요인으로 작용할 가능성도 없지 않다. 물론 경기를 취재하는 스포츠 기자가 관중의 시각에서 경기 내용을 관찰한다면 밀도 있는 취재가 가능할 것이다. 그러한 과정을 거쳐 생산된 기사의 질은 매우 높을 것으로 기대한다. 선수들의 집단행동을 취재해 보도하는 경우 기자는 선술집 같은 곳에서 팬들과 대화하고 그 결과를 기사에 반영할 필요가 있다. 그럼으로써 기자는 문제를 선수들의 움직임과 구단의 대처 중심으로 양분해 보도하는 상투성에서 벗어나, 보다 다각적이며 생동감 있는 보도를 할 수도 있을 것이다.

문헌분석

취재 대상에 대하여 관찰하는 방법 가운데 문헌분석이 있다. 문헌분석은 공공문서나 기존의 보도, 각 경기연맹이 보유한 선수나 시설에 대한 보고서, 주요 이슈에 대한 평가서 등 다양한 문자 정보들을 다루는 방법이다. 문헌분석 기법은 스포츠 연구법의 한 분야로서 유용하게 사용되기도 하는데 이와 관련하여 제리 토머스와 잭 넬슨이 함께 쓴 『스포츠 연구법(Research Methods in Physical Activity)』(2004)은 매우 훌륭한 길잡이가 되어 주는 책이다. 이 책에서 언급된 방법론은 스포츠 기자가 문헌분석에 의해 취재 활동을 하는 데 있어 유용한 지침이 될 것이다. 이 책의 저자들은 문헌분석(본문에서는 문헌고찰)에 대해 논하면서 단지 선행연구 사례의 검토에만 목적을 두지 않고 "귀납적 추론을 위한 근거로서 활용된다. 연구자는 일반적인 설명을 전개할 때 특별한 주제 혹은 어떤 현상을 설명한 이론에 관한 적절한 문헌을 찾아내어 이를 종합·활용할 수 있어야 한다."[05]고 설명하였다. 그리고 문헌 고찰의 중요한 두 가지 국면으로 '비평과 완벽성'을 들었다. 이러한 설명은 단지 전문 연구자들 뿐 아니라 스포츠 취재 기자에게도 마찬가지로 중요한 지침이 된다.

전문 연구자들이 문헌고찰의 기초 단계로서 연구의 주제를 분명히 함으로써 문헌에 접근하는 동선을 단순화하고 체계화할 수 있는 것처럼, 스포츠를 취재하는 기자들은 문헌으로부터 무슨 정보를 구할 것인가를 분명히 해 둠으로써 통상적인 '읽어 보고 메모하기' 방식을 사용할 때에 비해 훨씬 많고 정확한 정보를 수집할 기회를 얻게 된다. 위와 같은 과정으로 조사를 마친 다음에도 시간 여유가 있다면 '두리번'거리고 '뒤적'거려 의외의 소득을 얻는 '이삭줍기'도 가능할 것이다. 스포츠 보도에 있어서 문헌고찰은 그 자체로서 기사를 구성하게 되는 사례를 쉽게 찾기 어렵지만 기획기사나 인물 박스, 르포, 피처 기사를 쓰는 데 있어 긴요하다. 기사를 견고하게 구축할 수 있게 해주고 콘텐트의 설득력을 강화하며 내용을 풍부하게 받쳐 주기 때문이다. 무엇보다도 보도의 생명인 정확성과 객관성을 보장해 준다.

---

05 Thomas·Nelson, 『스포츠연구법』, 2004, 91쪽.

개인적 체험

스포츠 기자의 남다른 경험이 특별한 기사를 쓰게 해준다. 특정한 기자의 독특한 경험은 개인적 관찰의 기회를 제공하는데, 그 결과 일반적인 스포츠 독자들이 읽어보지 못한 흥미로운 내용으로 충만한 기사가 될 수 있다. 즉, 기자의 독특한 경험은 기사를 정당화하고 다른 사람들과 경험을 나누기에 충분할 만큼 흥미로운 내용을 담게 된다. 개인적 체험 기사는 피처 기사의 주요 형식이며 잡지 기사에도 자주 활용된다. 가장 위력을 발휘할 때는 인물기사를 작성할 때이다. 저명한 소설가나 시인이 언론사의 의뢰를 받아 인물기사를 쓰는 경우도 있다. 팩트의 기초 위에서 문학적 영감과 다채로운 이미지가 명멸하는 기사들은 독자들의 읽는 즐거움을 갑절로 만들어 준다. 이런 사례는 그대로 문학작품 안에 상황배경으로 구현되기도 한다. 예를 들어 소설가 윤후명의 작품 「검은숲, 흰숲」은 어떤 출판사의 의뢰로 충청북도의 문화에 대하여 취재하게 된 작중화자('나'라고 표기된다)가 성탄전야에 체험하는 긴장 넘치면서도 환상적인 이야기를 다룬다. 크리스마스이브에 동행하게 된 스님, 교회를 찾아가는 소녀의 산행길, 그리고 독일 유학을 갔다가 다른 사람과 결혼한 옛 사랑의 이야기가 교차하는 서글프고도 아름다운 이야기를 읽을 수 있다.

개인적 체험기사는 물론 관찰보도 기법에 기초를 두고 있다. 낸시 켈튼에 의하면, 이들 기사는 세 가지 구성 요소를 가지고 있다. 첫째는 '관점'으로서 '기자가 상황을 제시하는 고유한 방법은 무엇인가' 하는 점이다. 둘째는 기본적 진실에의 접근 여부로서 '요점이 무엇인가, 경험으로부터 얻은 결론은 무엇인가'에 답해야 한다는 것이다. 셋째는 감정의 개입인데, 기자가 관찰한 내용과 경험 뿐 아니라 이에 대한 기자의 감정적 반응도 필요하다면(편집자 주) 반영하라는 것이다.

3장

조사

스포츠 취재의 두 가지 주된 방식은 인터뷰와 관찰이다. 이 두 가지 방식 외에 기자들이 취재를 위해 사용할 수 있는 기법이 있다면 조사 기법을 들 수 있다. 미국의 경우에는 1980년대 이후 조사에 의한 스포츠 보도가 그 양과 질 양면에서 빠르게 확대되는 현상을 보였다. 조사에 의한 스포츠 보도는 선수나 체육 프로그램, 스포츠 대리점, 도박, 불법 의약품의 판매 및 사용, 의약품(합법적)의 남용, 불법적 혹은 비도덕적 사업 거래, 사기행위, 성적추문, 정치적 배신 및 기만적 체육단체 규정 등 많은 쟁점에 관한 보도에 유용한 방식이다. 미국에서는 스포츠 기자들이 이 같은 보도를 전담해 취재하는 사례가 늘고 있다. 반면 한국의 경우 이 분야는 사건·사회 부문 기자들이 취재와 보도를 주도하는 면이 있다.

예를 들어 특정 선수의 약물 중독이나 교통법규 위반, 음주 사고, 약물 남용, 불륜 등 사생활 추문을 보도할 경우 대부분은 사건·사회 부문 기자들이 전적으로 맡는 것이다. 직업적인 스포츠 선수라고 하더라도 경기장 밖에서 발생하는 문제는 경찰서나 파출소 등 관공서에서 처리된다.

이런 장소들은 한국 언론사의 체제상 사건·사회 부문 기자들의 담당 지역이기 때문에 우선 이 분야 기자들의 초동 취재를 거치지 않을 수 없다. 이러한 취재를 기반으로 사안에 따라 장기적인 조사와 확인이 필요한 취재 과정이 필요해지면 스포츠 기자들이 참여해 입체적인 취재를 시도하게 되는 것이다.

그러나 조사 보도는 단지 사건과 사고, 추문과 같은 단편적이고 일회적인 해프닝을 대상으로 한 기동 취재를 뜻하는 것은 아니다. 1990년 이후 미국의 주요 일간신문들은 전문가를 취재 팀에 참여시켜 스포츠 사업이나 대학 체육, 또한 과거에는 스포츠 세계와 무관하였던 사회, 경제 및 정치적 문제에 대해서까지 조사하였다. 이것은 스포츠 보도 기법의 발전과 스포츠를 둘러 싼 현실의 복합·다층화 경향에 따라 피할 수 없는 일이기도 하다. 1990년 이후 미국 스포츠 미디어에서는 주요 스포츠 기사에 많은 시간과 인내가 필요한 조사에 의한 보도 기법이 적극적으로 채택되고 있다.

스포츠 미디어가 스포츠 활동의 복합성을 의식하면서 그 사업적 성격에 주목하고, 그 내면에 감추어진 문제(부정이나 부조리, 비능률, 낭비, 횡령 등)에 접근하고자 한다면 조사 보도라는 취재 기법을 통하여 해법을 찾아낼 수도 있을 것이다. 이렇듯 '사업'이 개재된 심각한 주제들을 다루기 위해서는 이를 위해 적절한 보도 기법, 즉 긴 시간을 필요로 하는 조사 보도에 의존하는 것이 현명하다. 그렇지 않고 한두 차례의 인터뷰나 단기적인 관찰 취재에 그친다면 보도가 가능한 수준의 기사를 완성해 내기가 어려운 것이 현실이다. 수사 기관의 잘 훈련된 인력이 사건을 추적하는 수준의 조사가 이루어지고서야 비로소 완성된 형태의 보고서(기사)가 가능할 것이다. 아직 국내 언론은 이 부문에서 현저한 업적을 이루고 있지는 못하다.

정의감, 투지

최근 스포츠 기자들의 문제의식과 정의감은 진실을 규명하려는 의지로 연결되어 장기적인 취재를 결코 회피하지 않고 있다. 취재 기법의 정교함과 취재에 임하는 기자의 투지는 수사에 나선 경찰이나 검사의 전문성에 못잖은 과정과 결과물을 보여준다. 이로 인하여 최근의 스포츠 지면에는 사건 기사 수준의 조사 보도가 자주 등장하고 있다. 또한 이러한 보도의 결과로 인한 파급 효과가 상당한데, 특별히 문제가 있는 사안에 대해서는 징벌과 정화의 기능마저 수행하는 경향이 있다.

다음의 기사는 여자 농구 팀에서 감독이 선수를 구타하여 고막이 찢어지는 중상을 입혔으며 그럼에도 불구하고 감독 본인과 구단 차원에서 은폐 시도가 있었다는 사실을 다각적인 취재를 통하여 밝혀낸 경우이다. 최초의 보도는 KBS의 특종이었고, 이 보도가 도화선이 돼 각 언론사의 후속 보도가 잇따랐다. 후속 취재에 나선 기자들의 취재 범위는 대단히 광범위하여 텔레비전 뉴스 보도, 다친 선수를 진찰한 의사의 소견, 인터넷 팬클럽 회원들의 증언 청취가 있었으며 경기 단체의 동향에 대한 확인 등이 이루어졌고 취재의 대상이 된 인물도 다수이다. 이 기사가 보도된 뒤 결국 가해자인 감독은 해임을 모면할 수 없었다. 경기 단체에서는 유사한 사례가 재발하지 않도록 하기 위한 금지와 처벌 규정 마련에 착수하였다.

> 앵커: 지난해 2월 선수 폭행으로 물의를 빚은 여자프로농구 현대건설의 진성호 감독이 또 다시 소속팀 선수를 구타한 것으로 밝혀져 커다란 파문을 일으키고 있습니다. 이성훈 기자입니다.
>
> 기자: 현대건설의 진성호 감독이 선수들을 구타한 것은 지난달 25일, 경주에서 금호생명과 경기를 치른 직후입니다.
>
> 농구관계자: (라커룸)안에서 때리는 소리가 났어요. 전부터 선수를 때리는 걸 알고 있었기 때문에 직접 보지는 못했지만 소리 듣고 오늘도 때리는구나 생각했죠.
>
> 기자: 선수대기실에서 구타가 있은 뒤 프로 2년차인 진신혜 선수는 황급히 응급실로 옮겨졌습니다. 당시 진신혜 선수가 치료받은 동국대학 경주병원의 진료기록에 따르면 외부로부터의 강한 충격, 즉 구타로 인해 왼쪽 고막이 찢어진 것으로 나타났습니다.
>
> 류준선(동국대 경주병원 전문의): 환자의 당시 고막 소견으로 봐서는 외상에 의한 것이 가장 의심됐습니다. 찢어진 모양이라든지, 크기 그런 것으로 봤을 때...
>
> 진성호(현대건설 감독): 항간에 이런 사실이 있었다, 이런 것이 있으면 좀 봐 달라, 차라리 내가 오늘 얘기하는 입장이 되겠다고, 그럼 나하고 전혀 상관이 없는 얘기야…….
>
> 기자: 본인은 이를 부인하고 있지만 진 감독의 잦은 체벌은 이미 알려진 사실입니다. 지난해 2월에는 당시 소속 선수를 가슴뼈에 금이 갈 정도로 심하게 때려 물의를 일으킨 바 있습니다. 최근에는 소

속팀 코치들의 만류에도 불구하고 선수를 때리는 등 진 감독의
체벌은 이미 교육적인 차원을 넘어선 것으로 알려졌습니다.

구타피해 선수: 머리채 잡고 발길 닿는 대로 차고 밟아 버려요.

기자: 운동 효과를 노려 사랑의 매라는 이름으로 자행되는 선수체벌.
상명하복만이 존재하는 현실 앞에 약자일 수밖에 없는 선수들의
존엄성은 여지없이 짓밟히고 있습니다.[01]

문제의 사건은 지난달 25일 경주에서 현대건설:금호생명과의 경기가
끝난 직후 발생했다. 현대건설 진성호 감독이 경기내용에 문제가 있다며
일부 선수들을 구타한 것. 이 과정에서 프로 2년 차인 진신혜 선수의 고막
이 터졌다. 당시 현장에 있던 한 농구관계자는 "라커룸에서 때리는 소리
가 들렸다. 전부터 선수를 때리는 걸 잘 알고 있었기 때문에 직접 보지는
못했지만 소리를 듣고 오늘도 때리는구나 생각했다."고 말했다. 사실 진성
호 감독은 지난해 2월에도 선수를 폭행해 물의를 일으킨 바 있었다.

고막이 터진 진신혜 선수는 황급히 응급실로 옮겨졌다. 그리고 곧바로
동국대학교 경주병원에서 치료를 받았다. 당시 진료를 맡았던 류준선 경
주병원 전문의는 "환자의 고막 소견(찢어진 모양, 크기 등)으로 봐서 외상에
의한 것이 가장 의심됐다."고 말했다. 즉 외부로부터의 강한 충격(구타)에
의해 왼쪽 고막이 찢어졌다는 결론이었다.

진신혜 선수가 구타로 인해 고막이 찢어진 뒤에도 현대 선수에 대한
'구타사건'은 조용히 덮어지는 듯했다. 감독이 구타사실을 숨기고 선수들
에게도 철저한 입단속을 시켰기 때문이다. 그러나 지난 7일 KBS 뉴스를

---

01   KBS 9시 뉴스, 2000. 7. 6.

통해 '폭행사실'이 공론화되면서 사건은 걷잡을 수 없이 커졌다. 그렇지만 진성호 감독은 구타사실을 부인했고, 선수들도 같은 입장을 취했다. 구단 은 전주원·진신혜·강지숙 등 선수들에게 입을 맞추도록 지시했다는 후문 이다.

그러나 여자농구 인터넷 홈페이지를 운영하는 KWBCC(Korean Women's Basketball Cheer Club)와 전주원 팬클럽인 'ASSIST' 회원들이 7 일밤 모임을 갖고 사실 규명에 나서면서 사건의 전모가 드러나기 시작했 다. 이들은 폭행사실에 대한 확실한 증거로 지난달 25일 현대건설:금호생 명전을 직접 관전한 이들의 증언을 인용했다. 이에 따르면 현대건설 선수 들이 라커룸에서 나올 때 몇몇 선수들의 뺨이 붉어져 있었고 귀를 가리고 나온 진신혜 선수는 "병원에 가자는 프런트의 손에 이끌려 승용차를 타고 사라졌다."고 했다.

또 한 팬은 현대 선수와의 전화 통화에서 "애(선수)들이 맞았고 진신혜 가 고막을 다쳤다."는 말을 확인했다. 또 '폭행설' 보도가 나간 이튿날인 7 일 진 감독이 오전 미팅에서 "일체 외부에 얘기하지 말라."고 입단속을 시 켰다는 말도 전해 들었다고 주장했다. 현대여자농구단은 진신혜 선수 구 타사건이 일어난 뒤 사실을 숨겨오다 언론에 의해 사실이 밝혀진 뒤에도 미온적인 태도를 보였다.

진 감독은 "사실과 다르고 그런 일이 없다."는 거짓말로 사태를 은폐하 려 한 것으로 드러났다. 여론의 비판이 일자 구단은 지난 10일 기자회견 을 열고 선수 폭력사실은 시인했지만 미온적인 징계방침을 정했다. 즉 감 독이 피해자인 선수들에게 일일이 사과한 만큼 올 시즌까지 감독직을 유 지하고 시즌이 끝나는 대로 감독의 거취를 결정하겠다고 밝힌 것.

그러나 한국여자농구연맹(WKBL)은 같은 날(10일) 재적의원 8명 전원 이 참석한 가운데 재정위원회를 열어 "진감독이 지난 8일 열린 재정·상벌

위원회에 출석해 절대 그런 일이 없다고 강조했다."며 '앞으로 농구무대에 영구히 설 수 없다'는 제명을 결정하고 이를 현대에 통보했다.

이처럼 농구인을 비롯, 농구계의 반발이 거세자 현대여자농구단은 일단 진 감독의 사의를 받아들이는 태도를 취했다. 그러나 진 감독의 최종 거취에 대해선 구체적으로 밝히지 않았다.[02]

이런 의문이 생길 수 있다. 즉, "스포츠 취재 부서에서 이렇게 어렵고 복잡한 조사 보도를 해야 할 필요가 있는가?" 또는 "스포츠 담당 기자들이 조사 기법을 활용한 취재와 보도를 위해 전문적으로 훈련되어야 하는가?" 등이다. 이 의문에 대한 답은 스포츠를 보도하는 매체의 형태나 고위 구성원들의 필요, 가치관 등에 의해 달라질 수 있을 것이다. 예를 들어 스포츠만을 전문으로 취재해 보도하는 매체의 경우에는 조사 보도 방식(특히 사건 취재)을 포기하거나 취재 부서에 이러한 기능을 하는 부서를 설치하는 대조적인 선택을 할 수가 있다. 기자들을 훈련시켜 조사 보도를 취재 영역의 일부로 편입할 수도 있을 것이다. 종합일간신문이나 방송이라면 이미 기능적으로 활동하고 있는 사회 부문의 사건 담당 기자들이 스포츠 부문에서 일어난 사안을 처리하는 수도 있을 것이다. 이 방식은 최근까지도 대부분의 한국 언론 매체가 활용하고 있다고 본다. 다만 위에 소개한 KBS의 특종 기사에서 보듯, 스포츠 분야의 조사 취재는 스포츠를 취재하는 '출입 기자'가 아니면 접근 자체가 어려운 영역이

---

02 일요시사, 2000. 7. 27.

있다. 평소 농구를 담당하는 기자로서 선수들과 면식이 있었기에 비교적 수월하게 취재 영역 안에 속해 있는 선수들을 인터뷰하고 유연한 대화를 통해 사건의 진실을 확인할 수 있는 진술을 얻을 수 있었을 것이다. KBS의 사회 부문 취재 기자가 선수나 팀 관계자를 찾아가 취재를 시도했다면 취재원들은 매우 경직된 상태에서 기자와의 면담을 회피하거나 개방적인 진술을 삼갔을 가능성이 크다.

그러므로 조사 기법에 의한 보도 기사는 대체로 해당 분야에서 오랫동안 경력을 쌓은 잘 훈련된 기자가 작성하는 것이 좋을 것이다. 그러나 경험이 부족한 기자도 훈련을 통해 조사취재에 능숙해질 수 있고, 부족한 경험이 현장에 대한 주저 없는 접근을 가능하게 할 수도 있다. 특정한 종목을 전담하는 소위 전문기자 내지 담당기자 그룹에 속하는 기자들은 정보를 제공할 수 있는 취재원을 누구보다도 많이 보유했지만 자신들이 취재하고 보도한 내용으로 인하여 정보 제공자와의 관계가 손상되는 일을 회피하는 경우가 있다. 그도 그럴 것이, 기사가 나가고 보도가 끝난 다음에도 취재원들과의 관계는 지속되어야 하고 어떤 방식으로든 지속되지 않을 수 없는 것이 스포츠 취재 분야의 특징이기 때문이다. 이런 이유 때문에 미국의 경우 기자들을 지휘하는 데스크나 에디터들은 특정한 사안을 다루는 조사 보도에 출입기자 1명과 기타 1명으로 취재 팀을 구성하는 방법을 택하는 경우가 많다. 또는 다른 분야의 출입 기자를 기용함으로써 조사 대상 분야의 출입기자가 직접 취재할 경우 예상할 수 있는 취재원과의 관계 악화를 피하기도 한다.

필요한 시기

조사 기법을 활용한 저널리즘에 대하여 모든 사람이 긍정적일 수는 없다. 평범한 독자들에게는 조사 기법에 기초한 보도가 매우 건조하고 딱딱한 기사로 느껴져서 스포츠 면에서 읽기에는 부적당하다는 선입견을 주기 쉽다. 예를 들어 농구 지도자의 선수 구타 사건은 스포츠 면이 아니라 사회면에서 보는 게 옳다는 고정관념의 영향을 받을 수밖에 없는 것이다. 신문의 독자들은 스포츠 면이 최근에 벌어진 경기 결과나 그와 관련한 스타들의 새로운 소식으로 채워져야 자연스럽다고 생각할 가능성이 크다. 일반적으로 스포츠 면에 실리는 기사들은 문화면이나 대중문화면과 마찬가지로 연성 콘텐트들이다. 이런 기사들은 사회면이나 정치면 또는 경제면의 딱딱하고 건조하며 전문적인 기사들이 주는 긴장 또는 지루함과 적절한 조화를 이루는 기능을 한다. 대부분의 독자들은 이러한 콘텐트의 배열 방식에 익숙하다.

미국의 경우 독자들은 조사 방법에 의한 기사가 자신이 선호하는 팀(거주지나 고향에 연고지를 둔 팀:홈팀)을 다뤘을 경우 부정적 반응을 보이는 경향이 있다. 한국의 경우에도 프로야구나 프로축구, 프로농구 등 인기 종목의 연고 팀을 보유한 지방과 도시의 독자들은 미국과 비슷한 반응을 보일 가능성이 있다. 따라서 스포츠 언론이 조사 기법에 의한 취재와 보도를 어느 수준까지 밀고 나가느냐 하는 문제를 놓고 미디어 관계자들은 상당히 진지한 검토를 할 필요가 있다. 이 검토 속에는 스포츠가 여가를 즐기는 수단이며 스포츠 보도 역시 그 연장선에 있다고 생각하는 보편적 독자들의 기호와 요구에 대해 어느 수준까지 설득이 가능한지에 대한 고민이 포함돼야 마땅하다. 또한 조사 보도는 신중히 다루지 않으면 신문의 신뢰도를 손상하는 중대한 문제를 야기할 수 있다. 한편으로 스포츠 기자들은 단순히 경기의 결과나 스타의 활약을 수치적으로, 또는 감각적으로 포착하는 데 만족해서는 안 되며 언제나 '날이 선' 의식으로 문제적 진실을 꿰뚫어 보고자 하는 의지를 견지하지 않으면 안 된다. 조사 기법에 의한 스포츠 보도가 필요한 경우[03]는 대체로 다음과 같다.

> 1) 고등학교 및 대학교의 선수 스카우트와 관련해 팀이나 선수들에게
>   주어지는 조건
> 2) 고등학교 및 대학교의 스포츠에 대한 후원 프로그램
> 3) 스포츠 업체와 대학교 팀 또는 선수들과의 관계
> 4) 스포츠 프로그램을 지원하는 사설 재단
> 5) 선수들의 약물 사용
> 6) 자격 유지를 위한 사기성 약물 시험
> 7) 프로 및 대학 팀의 상업적 사업 행위
> 8) 프로 팀의 계약 행위

조사 보도 방법은 여러 가지 보도 방법을 결합한 형태의 보도 방법이다. 스포츠에서 '조사 보도'는 추문의 폭로 정도로 오인될 가능성이 있지만 실제로는 훨씬 더 광범위하고 깊은 부분까지 망라한 취재와 보도 기

---

03   방열, 2001, 167쪽.

법이다. 조사 보도 기자는 평범한 취재 방식으로는 정교한 정보의 수집과 보도에 어려움이 따르는 주제에 접근하는 존재이며 특정한 주제의 중요성을 꿰뚫어 보는 사람이다. 따라서 조사 보도는 일반적인 보도에 비해 더 철저하고 완성도가 높으며 깊이가 있어야 한다. 그리고 기사의 보도가 가져오는 사회적 파장이나 해당 스포츠에 대한 영향력도 결코 작을 수 없다. 정치나 범죄에 관한 기사뿐만 아니라 집요한 조사를 요하면서도 비도덕적이거나 불법적인 행위는 밝히지 않는 주제에 관한 기사에도 적용된다.

조사 보도는 누군가가 감추기를 원하는 중요한 사실에 초점을 둘 수도 있다. 이미 공개된 자료에 의존하는 대신 기자가 집요하게 취재하여 특정한 사실을 새로이 밝혀내기도 한다. 조사 보도는 일반 보도에 비해 취재 과정에서 개인의 사생활을 다루는 경우가 많고 이 과정에서 취재된 내용을 기사화하는 경우도 적지 않기 때문에 일반적인 보도보다 많은 자료가 뒷받침된다. 보도 내용을 둘러싼 진실 공방이나 법률적 논쟁의 가능성에 대비하기 위하여 기자들은 문헌 자료나 확인서, 증인 등 가능한 모든 증빙 문서와 자료를 확보하는 데도 노력을 기울여야 한다. 기본적으로 기자는 정보 제공자가 넘겨주는 특정한 사실에 대한 확인되지 않은 진술에 전적으로 의존해서는 안 되며, 그보다는 기자 자신이 직접 발견 또는 확인한 사실에 의존해야 한다.

물론 정보원의 폭로나 귀띔은 고성능의 기폭제와 같은 역할을 하는 것이 사실이다. 예를 들어 1974년 리처드 닉슨 전 미국 대통령의 사임을 초래한 '워터게이트 스캔들'의 보도과정에서 정보원의 제보는 결정적인 역할을 했다. 미국 역사상 최대의 스캔들이 된 이 사건은 1972년 6월, 5명의 괴한들이 미국 워싱턴 워터게이트 호텔의 민주당 전국위원회(DNC) 사무실에 침입해 도청장치를 설치하려다 체포된 사건에서 시작됐다. 당시 워싱턴포스트의 기자로 사건을 취재하던 밥 우드워드와 칼 번스타인은 '딥 스로트(Deep Throat)'로 알려진 정보원의 도움으로 이 사건 배후에 백악관이 있음을 폭로하는 대특종을 했다. 딥 스로트가 누구인지는 30여 년 동안 비밀에 부쳐졌으나 2005년 미국 연방수사국(FBI) 부국장을 지낸 마크 펠트로 밝혀졌다.

또한 '과달루페 이달고 조약 스캔들'의 경우도 제보자의 증언이 결정적이었다. 2년에 걸친 미국과 멕시코의 전쟁을 종결시킨 과달루페 이달고 조약 내용이 1848년 뉴욕 헤럴드 기자였던 존 뉴전트에게 알려졌다. 뉴전트의 보도로 사실이 알려져 파문이 일자 미국 상원은 그를 소환해 조사했으나 뉴전트는 끝내 정보원의 이름을 밝히기를 거부했고 한 달 동안 의사당 건물에 연금돼야 했다. 파문에 뒤이은 정황들로 볼 때 당시 국무장관으로 나중에 대통령에 오른 제임스 뷰캐넌이 뉴전트의 정보원이었을 것이라는 추정을 낳았다.

'기자는 수사관이 일하는 방식으로 취재해야만 성공적으로 조사 보도를 할 수 있다.'는 말이 있다. 조사 보도의 방법은 기본적으로 다른 형식의 보도와 사실상 동일하며, 따라서 인터뷰, 관찰 및 문헌조사 등을 망라한다. 잘 훈련된 조사 보도 기자들은 일반적으로 유능한 인터뷰어이며 서류, 컴퓨터의 데이터베이스나 각종 문서를 통하여 단서를 추적하는 데도 능란한 수사관과 다름없는 존재다. 기자에게 조사 보도는 매우 심한 고통을 수반하는 작업일 수 있다. 아주 작은 단서라도 찾아내어 진전된 정보의 퍼즐을 완성해 나가기 위하여 많은 시간을 들여 기록을 더듬고 무수한 양의 서류를 뒤적이고 쉬지 않고 움직여야 하기 때문이다. 가치 있는 조사 보도 기사를 작성하기 위해서는 주제가 무엇이든 가리지 않고 헌신적인 조사 작업이 선행되어야 한다. 이러한 작업을 수행하는 기자들에게는 강한 인내력이 필요하다.

조사 보도 기자들은 일견 역사학자들을 연상시킨다. 그러나 그들의 작업은 취재 대상으로서의 주제가 현실로 존재하여 취재의 결과를 직접 확인할 수 있는 동안만 유효하다. 역사학자들은 기록의 불완전성이나 상실의 문제에 부딪치지만 조사보도 기자들은 대개의 경우 노골적이고도 즉각적인 적대감과 거부감, 저항에 직면하지 않을 수 없다. 일반적으로 문제적 인물이나 집단은 양심의 가책이나 역사의 심판을 두려워하지 않는다. 단지 범죄가 발각되고 고발, 기소 등으로 인한 체포나 징역, 사업상의 불이익 등을 두려워한다. 그들은 끊임없이 은폐를 시도하여 이를 밝혀내려는 기자들을 극단까지 시험하곤 한다. 조사 보도에 수반되는 이러한 어려움만이 장애요인은 아니다. 미디어의 내부에도 조사 보도를 방해하는 장애 요소가 많이 있다. 조사 보도는 많은 시간을 필요로 하며 신문이나 방송국으로서는 상당히 부담스런 자금이 필요한 경우도 허다하다. 보도의 결과 발생할지도 모를 특정 집단이나 힘 있는 개인과의 분쟁도 미디어를 위축시키고 조사 보도에 종사하는 기자들에게 무언의 압력 내지 과도한 책임을 부과하는 요인이 된다.

스포츠 면에 게재되는 조사 보도 기사들은 종종 거센 공격에 직면하며, 기자나 신문사가 협박을 당하기도 하고 소송에 말려들기도 한다. 스포츠 활동이 일반 대중에게 불러일으키는 반향은 매우 크기 때문에 조사 보도 기사들이 던지는 충격파도 그만큼 크게 마련이다. 이런 까닭에 미디어는 기자들에게 조사 보도 대상이 확실한지를 거듭해서 묻게 된다. 그러기에 조사 보도에 임하는 기자는 열정으로 가득 차고 정의감으로 충만하며 어떤 경우에도 물러서지 않는 기자다운 투지로 무장해야 하는 것이다. 진실을 알고 싶어 하고 의지에 투철하며 정확한 판단력과 칼날 같은 예지, 불편부당한 사고, 경쟁심, 강한 체력 등은 이들에게 없어서는 안 될 요소이다. 이토록 고통스러운 일인 반면에 베테랑 조사 보도 기자들은 굵직한 기사를 보도함으로써 맛보게 되는 쾌감과 보람을 결코 외면하지 못하고, 때로는 일종의 중독 현상마저 보인다.

정보 사냥

기본적으로 조사 보도 기자들은 정보 사냥꾼들이다. 그들은 다양한 방식으로 정보를 수집하는데, 가장 대표적인 경우는 그들의 출입처에서 일상적인 업무를 수행하는 도중에 낯설지만 강렬한 정보에 직면할 때다. 예를 들면 출입처의 한 구성원이 지나가는 말처럼 "아무개 기자님, 이거 알아요?" 하면서 낯선 사건의 일단을 흘끗 보여주는 것이다. 예민한 기자는 결코 이 소중한 단서를 간과하지 않는다. 작은 틈새를 파고드는 물줄기처럼 기자의 영혼은 자신이 원하는 정보의 완성을 향해 쉼 없이 움직인다. 때로는 일면식조차 없는 미지의 인물이 전화나 편지, 기타의 방식으로 정보를 귀띔하는 경우도 있다. 기자는 낯선 사람의 전화를 받았을 때 절대로 가볍게 대해서는 안 되며 그가 하는 말의 진의를 살필 필요가 있다. 하지만 한편으로는 그러한 제보의 사실성을 철저하기 검증하지 않으면 안 된다. 잘 아는 누군가로부터 결정적인 증언을 들을 수도 있는데, 이런 사람들은 흔히 폭로의 형식을 띠기도 하고 극히 개인적인 동기에서 폭탄 발언을 하는 경우도 적지 않다. 이러한 제보가 정보의 가치를 떨어뜨린다고 볼 수는 없지만 유의가 필요하다. 그러나 이러한 동기는 일단 이해하고 나면 반드시 정보의 가치를 감소시키는 요인은 아니다.

한 선수가 출전 기회가 적다는 이유로 이적을 선택했을 경우를 생각해 보자. 그는 더 이상 감독이나 구단 관계자의 영향을 받지 않을 것이고 더 이상의 불이익도 없을 것이기 때문에 기자들을 상대로 팀의 문제점이나 특정 선수와 감독의 문제점에 대해 시시콜콜히 말할 수도 있다. 우리는 여러 기사를 읽음으로써 유럽이나 미국의 주요 리그에서 스타플레이어의 이적을 둘러싸고 생산되는 스포츠 현장의 이슈가 얼마나 다양하며 지속적으로 화제를 불러일으키는지 알 수 있다. 논쟁은 해를 넘기도록 계속되며, 논쟁에 관련된 인물들의 발언은 다양한 경로를 통해 언론에 공개된다. 그런데 수많은 기사의 소스는 취재 대상들의 발언을 통해 확보되는 것인데, 이 발언들은 기자회견이나 공식 인터뷰 외에 특정한 기자들이 다양한 기회에 청취하게 되는 '사적 진술'일 경우도 있다. 기자들은 이러한 사적 진술을 청취하는 데 있어 특히 예민할 필요가 있다. 사적 진술들 가운데는 알려지지 않은 비화(祕話)도 있지만 진실과는 무관한 감정적인 발언도 있고, 특별한 의도를 가지고 하는 계산된 발언도 섞여 있다. 특히 경기를 전후해서 쏟아지는 진술들 속에는 상대를 의식하여 고도로 계산된 발언이거나 단지 투지를 앞세운 감정적인 발언이 숱하게 섞여 있다. 이 발언들은 그 자체로도 좋은 기사거리가 될 수 있겠지만 경우에 따라서는 이슈의 중심을 향하려는 기자의 시선을 심하게 교란할 수도 있다.

의심, 호기심 그리고 행운

예민한 후각과 풍부한 경험을 겸비한 기자는 가끔 적절치 않아 보이는 상황을 접하게 되면 조사해 보아야 할 알려지지 않은 내용이 있음을 직감적으로 알아챌 수 있다. 또한 스포츠 현장과 그 주변에서 일어나는 상황들이 평소와 다를 때, 예민한 기자이거나 경험이 풍부한 기자이거나 혹은 매우 운이 좋은 기자라면 이 낯선 상황에 주목하여 새로운 조사 단계로 전환할 수 있다. 개인적인 경험을 털어놓는다면, 필자는 1993년에 당시 가장 인기 있는 대학 농구 스타인 문경은 선수의 실업팀 진출과 관련하여 단독 기사를 작성한 일이 있는데 그 계기는 평소와 다른 경기장 상황이었다. 1993년은 아직 프로농구가 출범하기 전[04]이었고, 실업 팀과 대학 팀이 함께 출전하는 '농구대잔치'가 겨울 시즌으로 운영되었다. 실업농구 팀인 현대·삼성·기아와 군대 팀인 상무가 강팀으로 군림하던 농구대잔치는 1993~1994년 시즌을 맞아 대학 팀들의 경기력이 극적으로

---

04   한국의 프로농구 리그는 1997년에 출범하였다.

향상되면서 새로운 국면을 맞이하게 되었다. 특히 연세대학교는 신동파와 이충희, 김현준 이래 가장 슛이 정확한 선수로 꼽힌 문경은 선수와 서장훈·이상민 선수 같은 우수한 멤버를 보유하여 결국 이 시즌 우승을 기록하게 되었다.

당시 문경은 선수는 현대와 삼성의 스카우트 표적이었다. 기아가 최강의 팀으로 군림하던 시절이어서 문경은 선수를 영입한 팀만이 기아가 움켜쥔 우승컵을 빼앗을 수 있다는 것이 농구계의 일반적인 전망이었다. 기자들 사이에서는 문경은 선수가 결국은 현대에 입단할 것이라는 전망이 상식으로 통했다. 무엇보다도 현대 그룹은 주인인 정주영 회장이 문경은 선수를 스카우트할 것을 지시했으므로 기업 차원에서 전력을 기울이고 있었다. 연세대가 문경은 선수 이전에 현대에 보내기로 한 몇몇 선수들[05]이 뜻밖의 신생팀 창단이 잇따르며 다른 팀으로 행선지를 바꿨기 때문에 도덕적으로도 문경은 선수를 현대에 보내야 한다는 데 농구계 대부분의 인사들이 공감하고 있던 시기였다. 그러나 문경은 선수는 연세대 농구부의 방침이나 농구계의 예상과 달리 결국 현대보다 더 좋은 조건을 제시한 삼성에 입단하였다. 그의 삼성 입단은 매우 놀라운 일로 받아들여졌으며, 갑작스럽게 언론에 공개됨으로써 농구 팬과 신문 독자들에게도 충격을 주었다. 필자가 문경은 선수의 삼성 입단을 단독으로 보

---

05 예를 들면 정재근 선수. 그는 현대 입단이 확실해 보였으나 연세대를 졸업하던 해인 1992년 3월 창단된 SBS에 입단했다. 당시 대한농구협회는 신생팀에 대학의 우수한 선수를 몰아주는 규정을 만들어 운영했는데, 정재근 선수도 이 규정에 따라 신생팀인 SBS에 입단하게 되었다.

도할 수 있었던 계기는 누군가의 제보나 우연한 정보 입수에 의한 것이라기보다는 경기장에서 영감을 얻었다고 보는 것이 정확할 것이다.

당시 삼성이 경기를 할 때 삼성의 벤치 뒤에서는 삼성 비서실 스포츠단 소속의 이㈜모 씨가 경기 시간 내내 서서 경기를 관전하곤 하였다. 그러나 어느 날 삼성의 벤치 뒤에서 그가 자취를 감췄고, 농구 담당 기자로서 경기를 취재하던 필자는 매우 이상하다고 생각하였다. 이 모 씨는 문경은 선수를 영입하는 작업에 참여한 인물 가운데 한 사람이었고, 연세대를 졸업한 선수 출신의 행정가였다. 필자는 문경은 선수의 진로를 취재하기 위해 거의 일 년여에 걸쳐 주요 인물들과 매일 전화 통화를 하였다. 삼성 쪽의 주요 인물들은 이 모 씨 외에 최희암 연세대 감독, 이인표 삼성 농구단 이사, 김인건 삼성 농구단 감독 등이 있었다. 이밖에 현대 측 농구 관계자들과 연세대 농구부와 관련 있는 몇몇 지방 거주 농구인도 주목하였다. 이 모 씨가 삼성 벤치 뒤에서 자취를 감춘 날 필자는 삼성의 문경은 선수 영입 작업에 뭔가 진전이 있을지 모른다는 생각을 했고, 몇 가지 추리를 거쳐 조사 방법을 구상하게 되었다. 이러한 일련의 작업은 거의 본능적으로 이루어져 시간이 오래 걸리지 않았다.

필자는 우선 문경은 선수의 부모와 연락을 시도하였는데, 예상대로 전화 통화를 할 수 없었다. 수화기를 내려놓자마자 사회부의 동료 기자에게 부탁하여 김포공항의 출입국 관리사무소에서 이 모 씨와 문경은 선수의 부모가 출국하지 않았는지 확인하였다. 동료 기자가 출입국자 명단을 확인하는 동안 삼성 내부[06]의 몇몇 농구 관계자에게 전화를 걸어 마치 사실을 아는 듯 문경은 선수의 입단은 기정사실로 하고 영입 비용 등 실질적인 내용을 물었다. 물론 취재원들은 조심스럽게 답변을 하였고, 구체적인 내용은 확언하지 않았다. 그러나 필자는 문경은 선수가 삼성으로 가게 됐다는 확신 정도는 갖게 되었다. "어떻게 아셨느냐."라든가 "쓰시면 안 됩니다." 같은 발언은 사실의 확인과 동의어이기 때문이다. 문경은 선수의 영입을 위해 삼성이 지급한 현금과 부대조건에 대해서는 삼성과 연세대, 문경은 선수의 가족 사이에서 메신저 역할을 한 지방 농구협회 임원을 통해 거의 정확하게 확인이 되었다. 무엇보다도 결정적인 증거는 동료 기자가 확인한 출입국 관리 기록에 이 모 씨와 문경은 선수 부모의 이름이 나란히 기재되어 있었다는 점이었다. 그들은 한 날 한 시에 같은 비행기를 타고 괌으로 출국하였다. 필자는 모든 것을 확인한 다음 '문경은 삼성 간다'는 제목으로 기사를 작성하였다.

특정 전문분야에 경험이 풍부한 기자들은 우연이라고 보기는 어려운 특별한 사태를 인식하고 행동을 취한다. 예를 들어 1984년 9월 한국의 프로복싱계를 뒤흔든 '가짜 도전자' 사건은 외국인 선수의 알려진 이름과 여권에 기재된 이름이 다른 점에 의문을 품은 기자가 프로복싱계의 주요 인사들을 정보원으로 삼아 추적한 끝에 진실을 가려내고 단독 보도에 성공한 경우다.

---

06 비서실 스포츠 단과 농구단 프런트 인력, 평소 안면이 있는 임원들이 대상이었다.

IBF 플라이급 타이틀매치의 어처구니없는 가짜 도전자 해프닝은 한국 프로복싱의 고질적 병폐를 드러낸 사건으로 충격을 던지고 있다. 이 가짜 복서사건은 WBA(세계권투협회)의 확인절차가 남아 있으나 현지보도나 여러 가지 상황으로 보아 심증이 더욱 굳어지고 있다.

지난 2일 내한한 '카스트로'는 여권에는 '카라바요 플로레스'라는 다른 이름으로 게재, 처음부터 말썽을 빚었었다. 주최 측인 극동 프러모션은 '카스트로'는 '플로레스'의 링네임이라고 해명, 그의 활동 본거지인 파나마로부터 확인 전문을 받아 KBC(한국권투위원회)에 제출하여 겨우 대전을 성사시켰다.

KBC는 대전을 승인하는 조건으로 "경기 후 15일 이내에 '카스트로'와 '플로레스'가 동일인임을 확인하는 증빙서류를 KBC에 제출해야 한다."는 단서를 붙였다. 이 증빙서류는 '카스트로'의 현지 등록부 및 사진 그리고 커미션의 확인 서류 등이다. 또 KBC는 "카스트로가 만약 가짜로 판명되면 주최자인 극동 프러모션의 전호연 회장은 프러모터 라이선스를 자진 반납한다."는 각서를 아울러 받았었다.

그러나 KBC는 이 과정에서 '카스트로' 라이선스에는 '아만시오 카스트로'라는 또 다른 이름이 게재되어 있는 등 석연치 않은 점이 발견되었음에도 이를 덮어두고 경기를 승인하는 실수를 범했다. KBC는 이미 방송국의 중계일자가 잡혀 있어 어쩔 수 없었다고 변명하고 있지만 주무기구로서 책임을 면키 어렵게 됐다.

이번 사건의 열쇠는 '알만도 토레스' 매니저가 쥐고 있는 것으로 보인다. '토레스'는 중남미복싱기구의 허술한 점을 이용, 한국에서 선수의 본인 여부를 확인하기가 어려울 것이라는 것을 계산, 자신이 매니저가 아닌 '알베르토 카스트로' 대신 자신이 데리고 있는 무명의 '카라바요 플로레스'로 대체했을 것이란 추측이다.

이번 사건이 가짜로 명백히 판명될 경우 사기로 형사문제로까지 비화할 수도 있다는 것이 법조계의 견해다. 기망 행위로 인한 부당이익은 사기죄가 성립된다는 것. 주최 측이 가짜인 것을 알고 있었는지는 아직 확인되지 않고 있으나 이 경우에는 형사상의 문제와 함께 손해배상 등 모든 책임을 면할 길이 없다. 그러나 주최 측이 선의의 피해자라면 파나마 사직당국에 제소, 배상을 청구할 수도 있다.[07]

조사 보도의 자료는 기자의 취재 수첩과 녹음기 속에도 숨어 있을지 모른다. 수년 전 취재하면서 기록하거나 녹음해 둔 내용과 취재원의 진술이 같은 내용을 다루는 현재의 취재 내용과 같지 않다면, 마땅히 그 이유를 알아보아야 한다. 이 과정에서 중대한 차이를 넘어 중대한 진실의 오류가 발견될 수 있고, 그 오류의 배경에는 음모나 중대한 실수가 감추어져 있을 수 있다. 다른 기자의 취재 결과를 보고 납득하지 못하였을 때, 재조사 내지 취재를 통하여 전혀 다른 결론에 도달할 수도 있다. 또한 스포츠는 매 순간 기록으로 남는 역사의 일부분으로서 공공 문서(public documents)로 보관된다. 예를 들어 국가에서 지급하는 연금을 수령하는 유공 선수들에 대한 기록은 공공 기관에 흩어져 있다. 여기에서도 조사 보도의 단초를 구할 수 있다. 스포츠를 보도하는 기자들은 이러한 공공 문서를 검색하는 수고를 마다해서는 안 된다.

조사보도 기사의 작성 단계는 다음과 같이 정리된다. 첫째, 구상 단계

---

07 중앙일보, 1984. 9. 12.

(conception)로서 여기에는 앞에서 이미 논의된 바 있는 여러 가지 정보원이 동원된다. 둘째, 타당성(feasibility) 검토 단계로서 기자가 기사에 대한 구상의 문제점과 가능성을 검토한다. 셋째는 결정 단계로서 신문의 편집 책임자는 본 조사보도 계획의 시행 여부를 결정하고 이 보도의 추진에 의해 달성 가능한 목표를 설정한다. 넷째, 재검토 단계에서는 기자 및 편집인들이 진척상황을 점검하고 조사의 진행 여부를 결정한다. 마지막으로 기자와 편집인들은 재차 정보를 검토하여 최종단계 즉 기사작성 및 발행까지 진행시킬 것인지 여부를 결정한다.[08]

오보

조사 보도를 통하여 기사를 작성하는 기자들은 언제나 오보(誤報)를 할 가능성에 노출돼 있다. 같은 문서나 인터뷰의 결과물, 관찰된 현상과 사물들이 언제나 한 가지 결론만을 가질 수는 없다. 상황은 생물처럼 진화하며 문서는 악마처럼 기자를 고정관념이나 광적인 확신에 묶어둘 수 있다. 인터뷰에 대해서라면 "아 다르고 어 다르다"는 우리 속담처럼 냉정하고 정확한 경고는 없다. 오보는 독자가 기자와 기자가 속한 매체에 대해 갖는 신뢰도를 현저하게 후퇴시킨다. 극단적으로 말해 독자나 시청자, 취재 대상이 지닌 의견이나 신념 내지 공식적인 견해와 상식에 상충되어 분쟁을 빚고 최악의 경우 소송을 벌여 법률적으로 패한다고 해도

08 방열, 2001년, 174~175쪽.

오보만큼 부끄러운 일은 아니다. 오보는 기자와 그가 소속한 매체가 경험할 수 있는 최악의 실패이고 최종적인 패배이다.

삼성언론재단은 1999년 4월 1일 미국 신문편집인협회의 신문신뢰도 조사연구 보고서를 번역 정리하였다. 조사는 맥코믹 트리뷴 재단(Robert R. McCormick Tribune Foundation)과 포틀랜드주의 『더 오리고니언(The Oregonian)』, 텍사스주의 『더 오스틴 스테이츠먼(Austin American-Statesman)』, 캘리포니아주의 『더 새너제이 머큐리 뉴스(The San Jose Mercury News)』, 플로리다주의 『더 사라소타 헤럴드 트리뷴(The Sarasota Herald-Tribune)』, 콜로라도주의 『더 가제트(The Gazette)』, 버지니아주의 『데일리 프레스(Daily Press)』 등을 포함한 8개 신문사의 지원으로 이루어졌다. '신문의 신뢰도는 왜 하락하는가(Why Newspaper Credibility Has Been Dropping)'라는 제목의 이 보고서는 신문 신뢰도 하락의 6가지 주요 원인을 제시하였다.

첫째, 독자들은 신문을 읽으면서 오탈자, 문법적 오류, 사실에서 벗어난 기사를 너무 많이 발견한다. 둘째, 독자들은 신문이 구독자나 지역사회에 대해 잘 알지 못하고 존중감, 일체감을 갖고 있지 않다고 생각될 때가 많다고 느낀다. 셋째, 독자들은 저널리스트들의 시각과 편견이 어떤 사건을 어떻게 게재할 것인가의 결정에 영향을 미칠 것이라는 의구심을 갖고 있다. 넷째, 독자들은 신문사가 판매수입을 올리기 위해 선정적인 기사에 집착한다고 믿고 있다. 또한 그러한 기사의 대부분이 그처럼 크게 다루어지거나 관심을 끌 만큼의 가치가 없다고 생각한다. 다섯째, 독자들은 자신들이 신문에 대해 생각하는 우선적 가치가 때때로 편집국의 가치나 관행과 대치된다고 본다. 여섯째, 뉴스 취재 과정에 실제적으로 관여된 경험이 있는 독자들이 미디어의 신뢰도에 가장 비판적이다. 신문 신뢰도 하락의 여섯 가지 요인 가운데 오보가 첫손에 꼽힐 만큼 독자들의 오보에 대한 태도는 엄격하고 그 적용은 맞춤법이나 문법에 이를 만큼 광범위하다.

오보 생산의 메커니즘과 그에 대한 비판과 대책에 대한 논의는 매우 활발하다. 한양대학교 언론문화연구소와 삼성언론재단이 1997년 3월 20일부터 22일까지 서울의 종합일간지, 통신, 방송사의 사회부장과 언론 학자들을 서귀포의 신라호텔로 초대해 연 '기사오보의 구조, 그 개선 방안'이란 세미나에서 논의된 내용은 현장 언론인들이 참고할 만하다. 이 세미나의 결과는 후에 발표와 토론 내용을 책자 형태로 묶어 발표되었는데, 오보를 연구하는 언론 학자들과 사회부의 실무자들에게 배포되었다. 이 책자는 세미나에서 발표한 순서대로 발표 논문을 편집하여 1장에서는 박영상 교수(한양대)의 「센세이셔널리즘과 오보: 뉴스개념을 중심으로」, 2장에서는 송호근 교수(서울대)의 「사회적 담론형성과 언론: 오보를 중심으로」, 3장에서는 정걸진 교수(경북대)의 「오보와 언론의 신뢰」, 4장에서는 편집자의 오보와 관련한 언론인과 공보 담당자의 상대적 태도 분석을, 5장에서는 종합토론을 실었다.

이들 가운데 센세이셔널리즘이 초래한 오보에 주목한 박영상 교수는 "오보는 내용이 그릇되거나 틀린 보도 기사를 총칭한다."고 정의하였다. 그러나 박 교수는 오보가 "협의적으로 사실과 다른 보도, 부정확한 보도, 잘못된 예측 보도, 신빙성 없는 보도들을 포함하여 정의하는 것이 보통." 이며 "광의적으로는 허위, 날조, 과장, 불공정, 윤색, 축소, 왜곡 등 언론의 판단이나 해석상의 착오로 생긴 잘못된 보도를 지칭하기도 한다."고 덧붙였다. 박 교수에 의하면 "오보는 언론기관에 부과된 사회적인 임무를 소홀히 한 결과이고 언론의 신뢰성을 떨어뜨려 사회 커뮤니케이션의 혼란을 초래할 수 있는 원인을 제공하는 것."으로 볼 수 있다. 박 교수는 오보 가운데서도 미디어의 선정적인 태도 때문에 만들어진 것으로 보이는 사회부 관련 기사의 오보 유형을 다음과 같이 제시하였다.[09]

1) 의도나 감정이 개입되어 기사를 만드는 일: 언론 매체나 기자가 어떤 사건에 대해서 평가를 하고 단정을 한 후 기사를 작성할 경우 기사는 선정적으로 작성되고 사실에 대한 왜곡이 일어나게 된다(1995년 전두환, 노태우 두 전직 대통령 구속사건 관련 기사나 삼풍백화점 붕괴사건을 보도한 기사들은 사실보다는 기자의 예단이 주를 이루는 것들이었다).

2) 부분적인 사실을 확대하여 전체인 양 보도하는 일: 확정되지 않은 사실을 단정적으로 보도하거나 사건의 전말을 조망하지 않고 일부분을 전체인 것처럼 보도하는 경우 오보가 될 가능성은 높아진다. 더구나 그것이 소위 '특종'이라고 판단될 경우 선정적인 쪽으로 기사가 만들어지는 것이 보통이다. 이 같은 경우는 대부분의 북한 관련 기사에서 나타나고 있다. 북한에서 치러지는 몇몇 행사에 어떤 사람이 나오지 않았다고 실각했다거나 권력층에 이동이 있다고 보도하는 따위를 지적할 수 있다. 또 군사분계선에서 장중한 음악이 일정 시간 방송된 것을 김일성 사망으로 발전시킨 것 등은 여기에

---

09 박영상, 1997. 3. 20.

속한다고 볼 수 있다.

3) 일과적이고 표피적인 보도로 사건의 본질을 가리는 일: 큰 사건이 일어나면 언론 매체들은 많은 인원을 투입하여 집중적인 취재를 하고 이에 따라 많은 지면, 시간이 특정 사건 보도에 할애된다. 그러나 대부분의 언론 매체는 사건이 지니고 있는 의미나 문제점 보다는 피상적이고 주변적인 요소인 상황을 그려 내는데 열을 올린다. 밀도 있고 심도 있는 분석을 통해 사건이 우리에게 주는 교훈을 여과하기 보다는 누가 더 자극적으로 기사를 만드느냐를 놓고 경쟁을 하고 있다. 때문에 사건은 단순 구경거리나 얘깃거리로 축소되거나 변질되고 만다.

4) 무지에서 오는 추측 보도: 언론이 독자적인 자료 동원 능력이나 사건 분석 능력을 갖지 못할 때 추측 보도는 이루어지게 된다. 특히 하루에 엄청나게 쏟아 내는 외신이 확인, 검증 과정을 거치지 않고 그대로 보도될 때 이 같은 현상은 자주 일어나게 마련이다. 특히 경쟁지들이 턱없이 키울 것이라는 위험부담을 느끼면 추측은 사실로 둔갑되어 중요한 기사처럼 포장되기도 한다.

5) 현장감을 강조하기 위한 논픽션 식의 기사 작성: 선정주의가 기승을 부리던 금세기 초 미국의 대부분 신문이 사용했던 방법 중 하나가 거짓 인터뷰 기사를 작성하거나 기자가 직접 취재한 듯 작문을 하는 경우이다. 특히 취재원 접근이 용이하지 않고 기삿감으로는 좋다는 판단이 설 경우 이 방법이 동원된다. 전직 대통령 둘이 교도소에 수감되었을 때 그들의 교도소 생활을 기자가 본 듯이 기사를 작성한 것이나 한보 사건이 터졌을 때 누구도 들어가 보지 않은 수사현장을 본 듯이 재연해 내는 것 등은 여기에 속한다고 볼 수 있다.

6) 인간 감성에 소구하는 흥밋거리 위주의 기사 작성: 사람들에게 진

한 감정을 주는 기사를 작성할 때 늘 요구되는 것이 진한 감동을 줄 수 있는 요소를 부각시키라는 주문이 곁들여지게 마련이다. 사실보다는 느낌이 큰 쪽으로 기사를 작성하는 것이 흥밋거리를 북돋울 수 있다는 믿음 때문이다. 그러나 이런 종류의 기사일수록 오보를 할 가능성은 커지게 마련이다. 사실을 가지고 사실을 알리는 것이 아니라 느낌이나 감정을 가지고 기사를 쓰기 때문에 알맹이가 없는 허황된 기사가 흥미 위주의 기사로 둔갑할 수 있다.

7) 기타 현란한 표현법, 낙종의 위험 부담에서 벗어나기 위해 다른 회사를 따라 가는 '재활용 저널리즘(recycling journalism)' 등도 선정성을 부추기고 오보를 만드는 원인으로 작용하기도 한다. 촌각을 다투면서 뉴스를 제작해야 하는 언론이 언제나 완전한 기사를 작성할 수 있다는 것은 불가능한 일이다. 더구나 오보는 기사거리가 취재되는 과정에서, 기사가 작성되는 과정에서, 그리고 최종 생산품으로 다듬어지는 과정에서 여러 요인이 복합적으로 작용하여 만들어지게 마련이다.

박 교수는 뉴스 제작에서 선정성을 극소화하고 오보율을 줄이는 문제는 쉽지 않은 일이라고 전제하면서, 몇 가지 해결책을 제시하였다. 그의 주장에 의하면 첫째, 기사는 확인된 사실만을 가지고 만들어진다는 원칙에 제작 당사자들이 공감하고 자기 분야에서 이를 적극 실천한다. 둘째, 뉴스를 사실을 전달한다는 표피적인 쪽에서 정의하고 따라가기보다는 공공재로서의 성격을 더 부각시키는 쪽에 무게를 두어 제작한다. 셋째, 뉴스의 재정의(再定意)와 관련지어 다면적인 면에서 사실에 접근하는 방법은 미디어 간의 차별화는 물론 기사마다 지닌 독특한 성격을 뚜렷하게 해줄 것이다. 넷째, 언론인들이 직업윤리를 적극 실천하겠다는 의지와 함께 업무를 수행하는데 필요한 전문지식을 지녀야 한다. 따라서 언론인의 전문화, 이를 위한 언론인에 대한 재교육이 시행되어야 한다.

박 교수는 주제 발표에 이어진 토론과 질의응답의 시간에 모 언론사 부장의 질의에 답하면서 "기사 작성 시 그것이 사실이었는가가 문제다. 뉴스라는 것은 그 당시 상황에 대한 보고다. 즉 사건의 진행과정에 따라 사실을 보도하면 된다. 발생보도와 종결보도가 다르더라도 그 과정에서 사실을 보도했다면 그것은 오보라고 볼 수 없다. 기자가 최대한으로 얻을 수 있는 것, 즉, 입증 가능한 사실 또 적법한 절차에 의해서 검증된 사실들을 보도한다면 사실보도라고 말할 수 있다. 사실이 정말 무엇인지 사람들에게 알린다는 자세로 종결기사를 보도한다면 문제가 없다."고 발언하였다.

노광선은 『무엇이 오보를 만드는가』를 통하여 "오보의 적지 않은 유형이 기자 개인의 실수, 부주의, 고의 등에서 비롯된다."고 지적하면서 "그 중에는 확인을 하지 않아 생긴 사례가 압도적인 비율을 차지한다. (…중략…) 이해쌍방 중 한 쪽의 의견만 듣고 보도한다든지, 으레 그럴 것이라는 예단을 갖고 보도, 문제가 야기되는 경우도 거슬러 올라가 보면 제대로 확인을 하지 않아서 생긴 문제로 분류될 수 있다."라고 기술하였다. 그는 이 책에서 오보의 유형을 사례별로 분류하여 설명하였는데 논의의 중심이 정치·사회 부문에 있기 때문에 스포츠 부문의 조사 보도 취재에 있어 정확하게 적용되는 것만은 아니다. 그러나 대부분의 논의가

언론 보도의 일반에 관한 내용을 담고 있으므로 스포츠 취재 부문에서
도 충분히 고려해 볼 만하다. 목차에 따라 정리하면 다음과 같다.

1. 개인에 의한 오보
1) 기사 작성(편집)과정에서의 오기(誤記) 또는 실수로 인한 오보
    취재기자가 오기를 한 경우
    편집기자가 제목을 잘못 단 경우
    교열과정에서 오자를 못 잡은 경우
    편집과정에서 사진을 잘못 넣은 경우
2) 확인 소홀(미비)로 인한 오보
    취재과정에서 확인을 소홀히 한 경우
    확인 작업의 어려움으로 인한 경우
3) 일방의견 보도로 인한 오보
    한 쪽 당사자 주장만 듣고 보도한 경우
    일방자료에 의존해 보도한 경우
4) 전문성 결여로 인한 오보
5) 예단에 의한 오보

2. 구조적 문제에 의한 오보
1) 상업주의로 인한 오보
    선정적 보도의 경우
    사진에 나타난 경우
    안보관련 보도에 나타난 경우
2) 지나친 경쟁으로 인한 오보

3) 지나친 외신 의존으로 인한 오보

　확인 없이 외신을 받아 쓴 경우

　해외 취재원을 맹신한 경우

4) 편향적 시각에서 비롯된 오보

　냉전적 사고에서 비롯된 경우

　의도적으로 노사문제를 호도한 경우

5) 취재원의 실수나 부주의로 인한 오보

6) 취재원의 고의적 정보조작으로 인한 오보

　권력기관이 정보를 조작한 경우

　개인이 정보를 조작한 경우

7) 통신기사 확인의 어려움으로 인한 오보

4장

기사 작성

경기를 취재한 기자는 그 날 임박한 마감 시간에 맞추어 서둘러 기사를 쓰거나 상당한 여유를 두고 정해진 마감 시간에 맞추어 비교적 느긋하게 기사를 쓴다. 경기를 취재한 기자에게는 몇 가지 자료가 제공된다. 기자가 손에 넣게 되는 자료에는 숫자로 된 것도 있고, 역사적인 내용을 담고 있는 것도 있다. 예를 들어 야구를 취재한 기자에게는 경기 기록지와 타자들의 타격 성적, 투수들의 투구 내용이 일목요연하게 숫자로 제공된다. 타자와 관련된 자료로는 시즌 타율, 특정 팀 상대 타율, 특정 투수 상대 타율, 통산 타율, 장타율, 시즌 타점, 시즌 홈런 등의 기록이 제공될 것이다. 투수와 관련해서는 시즌 경기당 실점, 통산 실점, 피안타, 피홈런, 삼진 개수, 몸에 맞는 공이나 사구(四球), 특정 타자 상대 성적, 특정 팀 상대 성적 등이 일목요연하게 제공된다.

기자들은 단지 경기 단체나 팀에서 제공하는 자료에만 의존해 기사를 작성하지 않는다. 경기의 내용을 기록하는 자신만의 방법을 개발해 사용하는 경우도 허다하다. 뿐만 아니라 개인적으로 숫자 기록을 집계하여

관리하며 기사를 작성하는 데 활용하기도 한다. 뛰어난 기자라면 자료의 부족으로 인하여 곤혹스러운 지경에 빠지는 일이 거의 없어야 한다. 오히려 수많은 자료 가운데 의미 있는 자료를 추려 독자에게 제시할 수 있는 능력을 지녀야 한다. 노련한 기자가 아니라 하더라도 풍부한 자료를 준비해 두었다면 코앞에 닥친 마감 시간 앞에서 당황하지 않고 밀도 있는 기사를 작성할 수 있을 것이다.

필자의 기억에 따르면 스포츠 기자들 가운데 기록의 중요성에 일찍 눈뜬 기자들이 적지 않게 있었다. 스포츠서울의 야구팀장으로 활약한 이종남, 스포츠서울의 축구팀장으로 오래 일하다가 축구연구소 사무총장을 역임한 김덕기 대기자가 대표적이다. 특히 김덕기 대기자는 한국이 프로축구 수준에서조차 기록의 중요성에 대하여 무지할 때에 자신만의 방식으로 기록을 집적해 나가며 정확한 기사를 작성한 특별한 인물이었다. 그의 기사에는 숫자로 된 기록이 많이 등장할 뿐 아니라 프로축구의 역사적 사실들에 대한 언급도 정확하여 프로축구 연맹의 기록을 능가할 정도였다. 김덕기 대기자의 투철한 기록 정신과 탁월한 자료 해석 능력은 그가 1991년 엮어낸 『프로축구 2920』에 집약되어 있다. 이 책은 한국 프로축구의 초창기 역사를 꼼꼼하게 기록했을 뿐 아니라 리그 소속 팀의 역사를 상술하고 각 팀의 승패와 골 등 정확한 기록을 곁들여 놓은 매우 귀중한 자료라고 할 수 있다.

리드

스포츠 기사의 뉴스 기사(스트레이트) 작성 원칙은 일반적인 신문이나 방송의 기사 작성 원칙과 다르지 않다. 『샌버너디노 캘리포니아 선 텔레그램(San Bernardino California Sun-Telegram)』의 스포츠 에디터인 필 퓌러는 스포츠 경기 기사가 갖춰야 할 필수 요소로 첫째 사건의 분석, 둘째 그 분석을 뒷받침하기 위한 선수 등 경기 참가자의 발언 인용, 셋째 이 분석 및 인용의 바탕이 되는 실제 경기의 세부 내용을 포함해야 한다고 주장하였다. 퓌러는 이러한 기사작성 방법을 통하여 경기를 직접 관전한 사람이거나 중계방송을 라디오로 청취한 사람, 또는 텔레비전으로 시청한 사람일 수 있는 보통의 독자들에게 뭔가 읽을거리를 제공할 수 있다고 덧붙였다.

특별히 기사의 머리글(리드)을 결정하는 작업은 매우 신중하게 이루어져야 하지만 섬광과도 같은 판단력과 결단력을 요구하는 일이기도 하다. 머리글 정하기는 상당 부분 영감에 의해 성공적인 결과를 낳는 경우도 있다. 본디 머리글은 육하원칙(누가, 무엇을, 어디서, 언제, 어떻게, 왜)에 의해 충실하고도 단단히 써내는 것이 원칙이다. 그러나 최근의 신문 기사들은 단순히 육하원칙을 고수하는 일 못잖게 기사의 주제를 강렬하게 제시하고 그럼으로써 독자의 시선을 빨아들이기 위한 노력을 병행하고 있다. 잘 쓴 스포츠 기사의 머리글은 3~4행의 간결한 문장에 의해 완성된다. 그러나 머리글의 양이 딱히 정해져 있지는 않다. 머리글의 길이보다 더 중요한 점은 독자가 머리글을 통하여 경기의 결과와 내용, 나아가 분위기를 쉽게 파악할 수 있어야 한다는 점이다.

이제는 정말 모른다. 거침없는 선두를 질주하던 SSG 랜더스가 꼴찌 팀 한화 이글스에도 제대로 힘도 쓰지 못한 채 영패를 당하면서 LG 트윈스에 3게임차로 쫓겨 스멀스멀 2019년의 악몽이 되살아나고 있다. 반 게임차 3위 싸움을 벌이고 있는 kt 위즈는 마운드의 힘으로 키움 히어로즈를 눌러 이틀 만에 다시 3위에 복귀했고 NC 다이노스는 낙동강 더비에서 롯데를 눌러 5연승을 했으나 4연승의 KIA 타이거즈에 5.5게임차로 뒤져 게임차를 줄이는데 실패했다.[01]

위의 예문은 2022년 9월 10일에 열린 프로야구 5경기의 결과를 요약하고 있다. 기자는 20년 넘게 스포츠 경기를 보도해온 대기자답게 경기 상보를 전달하기에 앞서 그 날 열린 다섯 경기의 결과와 거기 따른 순위 변동의 가능성 등을 언급함으로써 독자가 이어지는 상보를 더 쉽게 이해할 수 있도록 돕고 있다. 이 예문에서 보듯 머리글은 상보를 읽지 않아도 좋을 만큼 정보의 양과 질 두 가지 측면에서 완결성을 지닌다. 동시에 독자를 본격적인 상보 읽기로 안내하는 길잡이 역할도 한다. 호기심은 충분히 채워져야 하고, 그러나 정확한 시각으로 접근함으로써 선입견은 일절 개입할 수 없도록 하는 것이 올바른 머리글이다.

경기가 끝나고 나면 인터넷 속보가 순식간에 포털의 스포츠 섹션을

---

01 마니아타임즈, 2022. 9. 10.

메워 버리는 시대에 역설적이게도 좋은 기사를 찾기는 쉽지 않다. 잘 쓴 리드도 읽기 어렵다. 인터넷 기사의 특징과 한계 때문이기도 하다. 정통 스포츠 기자들은 리드와 상보를 물샐 틈 없이 교직하여 완결된 결과물을 독자 앞에 내놓는다. 그러나 포털에 나가는 기사들은 속도가 내용 이상으로 중요하기에 정보의 일부라도 담아 올려놓고 보는 경우가 잦다. 때에 따라서는 아무런 뉴스가 없어도 기존의 정보를 묶어 뉴스 라인에 띄워놓고 보는 일도 허다하다. 이런 기사에는 독자의 궁금증을 해소할 수 있는 이렇다 할 내용은 담겨 있지 않다. 머리글과 기사의 몸통도 구분되지 않으며 온통 인용 부호들로 뒤덮여 있어 난삽한 느낌을 준다. 내용이 빈곤한 기사는 맞춤법도 정확할 리 없다. 괄호를 사용한 다음에 나오는 조사가 정확한 예는 흔치 않다. '톰슨(캐나다)는 홈런을 쳤다.'는 식으로 흘러가는 기사가 태반이다.

부실하게 작성한 기사는 인터넷 접속자의 열람을 유도하기 위한 선정적인 제목과 별 내용 없는 온라인의 일회성 부스러기 기사라는 혹평과 함께 기사 작성의 의도까지 의심받기 쉽다. 기사를 써야 할 특별한 이유가 없거나 이유가 있더라도 취재한 자료의 양이 부족하고 기자의 판단이 명료하지 않아서 기사의 내용이 충실하기 어렵다면 굳이 쓰지 않는 것이 가장 좋다. 매체의 속성상 어쩔 수 없이 써야 하는 경우라도 최소한의 품질을 지키기 위한 노력은 해야 한다. 일반적인 스포츠 기사의 리드와 상보는 다음과 같은 모양이다.

키움 히어로즈가 kt wiz를 꺾고 3위를 되찾았다.

키움은 11일 서울 고척스카이돔에서 열린 프로야구 2022 신한은행 SOL KBO리그 kt wiz와의 홈 경기에서 선발 타일러 애플러의 역투와 송성문의 결승포를 앞세워 5-0으로 완승했다. 전날 맞대결 패배로 kt에 3위 자리를 내줬던 키움은 하루 만에 3위에 복귀했다.

키움 선발 애플러는 최고 시속 148㎞ 직구를 앞세워 kt 타선을 7이닝 7피안타 2볼넷 무실점으로 틀어막았다. 5월 27일 부산 롯데 자이언츠전 완봉승(9이닝 무실점) 이후 17경기 만에 선발 무실점 역투를 펼친 애플러는 시즌 6승(8패)째를 거뒀다.

타선에서는 송성문의 활약이 돋보였다. 송성문은 0-0으로 맞선 5회 선두타자로 등장해서 kt 선발 고영표의 투심 패스트볼을 공략해 오른쪽 담을 넘어가는 결승 선제 솔로포로 연결했다. 2015년 데뷔한 송성문은 이 홈런으로 데뷔 후 첫 두 자릿수 홈런을 달성했다. 송성문은 6회에도 1사 1, 3루에서 내야 땅볼로 1타점을 보탰다.

이어진 2사 1루에서는 대타 김웅빈의 3루타까지 이어지면서, 키움은 3-0으로 달아났다. 7회에는 이정후의 방망이에서 쐐기 타점이 나왔다. 이용규의 볼넷과 임지열의 단타로 무사 1, 2루 기회에 타석에 선 이정후는 우중간 2타점 3루타로 승리에 쐐기를 박았다.

kt는 선발 고영표가 6이닝 10피안타(1홈런) 4탈삼진 3실점 퀄리티스타트(선발 6이닝 이상 3자책점 이내)에도 타선 지원을 받지 못해 시즌 6패째를 기록했다. 이로써 고영표는 5월 31일 인천 SSG 랜더스전부터 이어 온 개인 연승 행진을 '11'에서 마감했다.[02]

이 기사에서 머리글 즉 리드는 "키움 히어로즈가 kt wiz를 꺾고 3위를 되찾았다."에서부터 "전날 맞대결 패배로 kt에 3위 자리를 내줬던 키움은 하루 만에 3위에 복귀했다."까지이다. 이 부분에서 독자는 중요한 경기의 결과와 내용, 수훈을 세운 선수, 순위 등을 일목요연하게 확인할 수 있다. 대체로 통신사의 기사는 원칙에 충실한 표본적인 스타일이 많다. 중립적이고 가능한 한 기자의 주관이 적게 반영된 기사를 작성해야만 통신사의 뉴스 서비스를 이용하는 회원사에서 부담 없이 구매해 사용할 수 있기 때문일 것이다.

경기가 끝나자마자 마감하는 기사는 매우 직선적으로 주제에 접근하게 되며 기사를 작성하는 방법도 보수적이다. 전적, 즉 경기 결과 중심으로 보도한다. 이 방법은 기사의 품질을 표준화함으로써 오류의 가능성을 줄이고 능률적으로 정보를 전달할 수 있게 해준다. 물론 현장을 취재한 기자의 개성이 발휘된 매력적인 기사를 만들기 어려운 단점도 있다. 야구와 같이 경기 시간이 정해져 있지 않은 종목을 취재할 경우라든가 예기치 않은 이유로 경기 시간이 변경되어 마감 시간에 쫓기는 경우는 기록과 관련한 숫자가 틀릴 위험도 있다. 심지어는 경기가 종료되지 않은 시점에서 미리 기사를 작성해야 하는 경우도 수없이 많다. 그러나 늘 그러한 상황 속에서 기사를 쓰는 것은 아니다.

신속하게 마감하는 경기 기사는 거두절미하고 요점부터 제시해야 한다. 스토리 라인이나 잡다한 정보를 병기함으로써 지면과 시간을 낭비하는 일이 없어야 한다. 경기가 어떻게 끝났고, 그 내용은 어떠하였는지 독자에게 알려 주는 것만으로도 충분한 기능을 하는 것이며 독자들은 이

기사를 통하여 경기에 관한 정보를 얻을 수 있는 것이다. 이 기사는 신문에 게재됐을 때 경기를 직접 보지 못했거나 라디오나 텔레비전을 통해서도 경기를 관전하거나 결과를 확인하지 못한 독자들에게 특히 유용한 정보가 된다. 설령 경기를 중계방송을 통하여 보았다 하더라도 신문의 보도 내용은 스포츠를 즐기는 독자들에게 읽을거리가 된다. 최근의 스포츠 기사는 경기 스트레이트라 하더라도 기자의 관점과 개성이 십분 발휘되는 형태로 작성되는 경우가 많다. 기자의 관점은 상당한 전문성에 기초하며 비교적 쟁점화의 소지가 적을 경우에 유효하며, 그 효과는 공감의 형태로 나타난다.

앞서 언급했듯이, 독자는 이미 결과를 알고 있는 경기와 관련한 기사에 대해서도 관심을 갖는다. 텔레비전이나 라디오, 또는 인터넷을 통하여 경기 중계를 즐기고 내용과 결과를 거의 실시간으로 파악하는 최근에도 스포츠·연예전문지가 변함없이 판매되고 종합일간지의 2~3개면이 스포츠에 할애되는 이유도 마찬가지이다. 2000년대 들어 스포츠 기사를 작성하는 경향은 숨 가쁘게 마감된 스트레이트, 즉 당일 리드(first-day lead)의 성격보다는 내용과 분석에 충실한 익일 리드(second-day lead)의 성격이 강한 편이다. 이러한 스타일의 기사는 피처 스타일의 시각과 기술적 특징이 상대적으로 강하다.

이 방법은 기사의 처음부터 끝까지 통용되며 당일 리드 기사에서는 나타나지 않은 새로운 경기 분석 요소에 초점을 맞춘다. 따라서 플레이 별 분석, 기록 및 기타 경기의 상세한 결과는 부차적인 것에 불과하다. 익일 리드는 흔히 기사에 있어 '왜(이유)'에 관한 부분, 즉 어떤 결과가 생긴 이유에 관한 설명에 초점을 둔다. 어떤 경기가 텔레비전이나 라디오에 의해 많은 대중에게 중계될 경우, 신문 편집인들은 흔히 익일 리드를 이용하는데 이는 다음 날 아침이나 저녁에 읽혀질 자신의 기사가 독자들에게 보다 신선한 맛을 주게 하기 위함이다. 그러나 스포츠 기자는 독자들이 피처 테마에 압도된 나머지 경기 자체는 망각하는 결과가 초래되지 않도록 유의해야 한다. 양자를 적당한 정도씩 혼합하는 것이 올바른 일일 것이다.[03]

머리글을 완성한 기자는 기사의 나머지 부분을 작성해야 한다. 앞서 언급했듯이 마감 시간에 쫓기고 있는 경우라면 먼저 경기 내용에 대한 기사를 작성한 다음 머리글을 나중에 완성해 연결하는 방법도 가능하다. 어느 쪽이 되었든 기사의 나머지 부분을 작성하는 방식은 크게 나누어 세 가지가 있다. 첫째 발생 순서에 따른 나열, 둘째 역 피라미드식, 셋째 피처식이다.

발생 순서에 따른 나열

이 구성 형식은 시간이 지남에 따라 진행된 경기 흐름을 충실하게 따라 기록하는 방식이다. 보기에 따라서는 매우 무성의하다고 느낄 수도 있는 방법이고, 단순히 이 방법만을 사용해 작성된 기사를 보기는 어렵지만 여전히 유효한 기사 작성 방법이라고 본다. 이 형식을 온전히 적용

---

03 방열, 2001, 58쪽.

해 기술해 나갈 수 있는 경기는 매우 적다고 할 수 있지만 주요 경기에 대한 기사를 다룬 대규모의 지면 안에서 경기의 흐름을 관찰해 나간 부속물들은 독자에게 세밀한 정보를 제공하고 경기장의 에너지를 전달하는 장점이 있다. 다음의 예문은 경기 기사의 일부분으로서 시간대별 발생 상황을 나열한 기사가 갖는 장점을 잘 보여준다.

> SSG는 0-0인 4회초 타자일순하며 대거 8점을 뽑아 단숨에 승부를 갈랐다. 무사 1, 2루에서 한유섬이 볼넷을 얻는 순간 한화 포수 박상언의 3루 악송구로 선취점을 뽑은 SSG는 후안 라가레스가 우중간 2루타를 날려 2-0으로 앞섰다.
>
> 후속타자 박성한은 볼넷, 김성현은 몸맞는공으로 1점을 추가한 SSG는 1사 후 김재현이 2타점 우전 안타를 날려 5-0으로 달아났다. 이어 타석에 나선 추신수는 가운데 펜스를 훌쩍 넘어가는 3점 홈런을 쏘아 올려 8-0으로 점수 차를 벌리며 사실상 승부를 갈랐다.
>
> 7회에 김성현의 적시타로 1점을 보탠 SSG는 8회초에도 3점을 추가하며 쐐기를 박았다.[04]

역 피라미드식

가장 많이 쓰이는 당일 리드 형식이다. 스포츠 기사를 쓸 때 뿐 아니라 모든 종류의 신문·방송 기사를 쓸 때 권장돼 온 전통적인 기사 작성

----

04   연합뉴스, 2022. 9. 11.

방법이기도 하다. 필자도 기사 쓰기를 배우기 시작할 때 선배들로부터 "기사는 항상 역 피라미드 형식으로 써야 한다."는 충고를 귀가 아프도록 들었다. 선배들의 충고는 아주 현실적이었다. 현장에서 첫 기사를 송고하고 나면 각종 부속 기사(예를 들면 선수나 감독의 인터뷰, 현장에서 발생한 화제성 기사, 한 경기장에서 여러 경기가 벌어지는 토너먼트 대회일 경우 비중이 다소 떨어지는 경기의 전적 등을 추가하는 작은 기사 무리)를 추가로 송고하여 시간대 별로 마감하게 된다. 이때 처음 보낸 기사를 줄이면서 지면을 확보해야 하는데, 결론이 뒤에 배치된 기사는 아예 처음부터 다시 써야 하는 경우가 생긴다. 그러므로 가분수의 기사 즉, 주요한 내용이 기사 앞부분에 집중된 기사를 쓰면 상대적으로 덜 중요한(또는 부수적인) 기사 뒷부분을 떼어낼 수 있다. 결국 역 피라미드 방식의 기사란 기사의 앞부분에 대부분의 중요한 정보가 집중돼 있고 뒤에 나오는 부분은 보충하는 내용들이다.

스포츠 기사를 쓸 때라면 가장 중요한 사건, 즉 한 팀의 승리를 가능하게 한 플레이 내용이나 작전, 중요한 실책의 발생, 당일 경기에서 영웅적인 활약을 한 선수의 결정적인 기여 장면 등을 앞세우고 나머지 경기의 세부적인 내용을 그 중요성에 따라 추가해 작성한다. 이 방식으로 작성된 기사는 오류의 가능성이 적고 기사에 일정한 힘이 있으며 독자로 하여금 쉽게 기사의 주제를 파악할 수 있도록 하는 장점이 있다.

한국남자팀이 처음으로 아시아 청소년농구 정상에 올라섰다.
한국은 제8회 아시아청소년 농구선수권대회 결승리그 최종일 남자부 경기에서 끈질긴 집념과 조직력으로 장신 중공을 몰아붙인 끝에 74:69로

쾌승, 5연승으로 지난 70년 대회창설이래 첫 우승의 감격을 누린 것이다 (19일·잠실체).

또 여자부 경기에선 중공이 예상대로 일본을 1백1:67로 대파, 3연승으로 2연패를 차지했다.

한국과 중공의 대결은 단신농구의 가능성을 제시한 한판 승부였다. 수평농구의 한국은 예선서 고공농구를 구사하는 중공에 완패했으나 이날 결승에서 짜임새 있는 조직력으로 개가를 올린 것이다.

이날 최정길 감독은 경기 전 라커룸에서 선수들에게 "골밑을 사수하라. 그리고 20초 동안 볼을 돌리고 나머지 10초 동안 공격하는 딜레이드 플레이(지공)를 결코 잊지 말라."고 엄명을 내렸다.

결국 이 작전은 기막히게 들어맞았다. 수비에선 프레싱(강압수비)을 펼치다 볼이 중앙선을 넘어오면 2-3지역방어로 바꿔 골밑수비에 치중했다. 또 공격에선 상대 코트까지 재빠른 패스로 넘어간 뒤 30초를 활용하는 지공작전을 구사했다.

특히 중공은 한국의 이 작전에 그대로 말려들고 심판의 잦은 휘슬에 위축된 듯 슛마저 난조를 보여 패배를 자초하고 말았다. 중공은 센터 왕해파(2m6㎝)가 악성빈혈로 컨디션이 최악의 상태였으나 지나치게 골밑슛만을 노리는 단조로움을 보였다.

중공은 이날 30개의 야투 중 25개가 골밑슛이었다. 또 중공은 수비에서도 시종 변화 없는 대인방어로 일관, 한국에 14개 골밑슛(중거리 18개)을 허용하는 등 허점을 노출했다.

한국은 이날 야투율에서 52%(62-32)로 중공의 54%(59-32)에 약간 뒤처지고 리바운드에서도 18:26으로 뒤졌다. 그러나 한국은 실책에서 4:

13으로 중공에 비해 짜임새 있는 팀워크를 과시, 승리의 요인이 됐다.[05]

피처식

뒤에 기술하겠지만 피처(feature)는 사건, 사고, 인물과 관련한 다양한 이야기로 작성한 흥미 위주의 기사를 말한다. 객관적으로 사실을 전달하기보다는 주로 어떤 사건이나 사람과 관련한 미담이나 사례, 가십거리 따위를 다룬다. 최근의 신문·방송 기자들은 단순한 나열식이나 역 피라미드식 기사를 자주 쓰지 않는다. 그것은 아마도 일종의 흐름으로 보이는데, 기자들은 경기에서 가장 흥미로웠던 면이나 중요한 인물과 관련된 내용 또는 승부의 분수령이 된 장면 등을 중심으로 기사를 시작한다. 이 방식으로 기사를 작성할 때는 경기 중에 벌어진 일이 아니어도 기사 도입부에 반영할 수 있다. 기자의 감수성과 창의력이 개입할 여지가 적지 않다. 또한 이 방식으로 기사를 쓸 때는 일반적으로 중요한 내용이라고 간주할 수 있는 문장에 집착하지 않아도 좋다. 중요한 점은 기사를 작성하는 기자의 관점과 흥미로운 요소를 감별해 내는 안목, 그리고 그것을 기사로 형상화해 내는 창조적인 솜씨라고 할 수 있다. 기자의 시각은 기사를 통하여 경기의 내용에 의미를 부여하며 독자를 설득하거나 새로운 관점으로 유도한다. 물론 여기에도 일정 부분 기사의 세부 내용과 관련한 언급이 결합되어야 한다. 박스 기사처럼 보이지만 잘 쓴 피처식 경

---

05 중앙일보, 1984. 4. 20.

기 기사는 일반적인 기사 작성 방법에 따라 만들어진 단순 스트레이트
에 비해 입체적이고 독자의 시선을 빨아들이는 힘이 강하다.

조인현이 선일여고를 졸업하고 현대산업개발에 입단한 93년, 농구전
문가들은 서슴없이 현대를 우승후보 반열에 올렸다.

조인현의 가세만으로도 현대의 전력은 급상승할 것으로 예상됐고 '조
인현 시대'의 개막은 의심의 여지가 없어 보였다. 조는 유영주(선경증권) 이
후 등장한 최고의 포워드였다.

그러나 현대에 입단한 첫해에 조는 왼쪽 무릎인대 부상으로 코트를 밟
지 못했고 이듬해 일본으로 건너가 수술을 받았다. 지난해까지 무릎에 철
심을 박은 채 견뎌야 했던 두 시즌은 조인현에겐 긴긴 암흑의 터널이었다.

95~96 농구대잔치가 개막됐을 때 아무도 조인현의 가공할 힘을 기억
해내지 못했다. 21일 여자부리그에서 현대와 맞붙은 서울은행 역시 마찬
가지였다.

'현대의 게임리더 전주원만 잡으면 이긴다'는 예상은 빗나갔다. 현대
가 85:63으로 승리, 7승 3패를 마크한 이날 조인현의 득점은 18점. 전주
원(25점)·김성은(22점)에 이어 팀 내 3위였다. 그러나 조의 18점 중 10점이
주도권 다툼이 치열하던 전반에 집중됐다.

현대가 전반 10분 20:10, 16분쯤 37:24로 점수 차를 벌리며 사실상
의 승기를 잡는 과정에서 조가 올린 8점은 서울은행 수비를 '무장해제'상
태로 몰았다. 전주원이 있는 방향의 수비를 다지며 단단한 옹벽을 쌓으려
던 서울은행 수비는 조의 활발한 공격으로 무력화됐다.

조는 고교시절 힘찬 드라이브인 슛과 골밑슛으로 다득점 행진을 벌였
지만 부상 이후 힘이 달리면서 중거리 슛으로 스타일을 바꿨다. 이날도 골

밑 득점은 4점뿐이었고 14점이 중간거리에서 수비를 따돌리며 던진 슛이었다.

센터 조혜진이 무릎부상에서 완쾌돼 첫 출장한 상업은행은 최하위 한국화장품을 79:56으로 가볍게 꺾고 4승 6패를 기록, 신용보증기금과 함께 공동 8위에 올랐다.

한편 국민은행은 대웅제약을 83:68로 제압하고 9승 1패를 마크, 단독 1위로 뛰어올랐다.[06]

피처

개성으로 충만하고 창의력이 넘치는 기자들은 피처 기사(feature stories) 쓰기를 즐긴다. 피처 기사를 쓸 때 기자들은 큰 즐거움을 느끼는데, 흔히 '재미있다'고 표현하는 정서적 경험을 하게 된다. 재미있는 기사 쓰기의 분야는 피처 기사나 부속기사(sidebar) 등의 특수기사, 큰 경기를 앞두고 쓰게 되는 사전(예고)기사(advance story), 또는 게임이 끝난 뒤 며칠 뒤에 쓰는 속보(follow-up story) 등이다. 이러한 기사들은 스포츠 기자들에게 충분히 개성을 발휘할 수 있는 공간을 부여한다. 기자들은 마치 문학 작품을 창작할 때와 같이 유연하고 창의적인 기사 쓰기를 시도하게 된다.

피처나 특수 기사는 대체로 제목의 선정이나 기사의 주제 설정, 보도 방법과 그 범위, 인터뷰를 할 때 질문형식의 다양성 면에서 스포츠 기사 작성에 대한 자유로운 접근 방법을 허용한다. 이 기사들은 단지 경기나

---

06 중앙일보, 1995. 12. 22.

기자회견에서 나온 특정한 발언에만 기초하지는 않는다. 또한 기자 스스로 흥미를 느끼며 작성한 기사이기 때문에 독자들도 좀 더 흥미롭게 읽을 수 있다. 그러나 이 기사는 매우 잘 훈련된 기자가 아니라면 중언부언하거나 논리가 빈곤할 수 있고, 때에 따라서는 특정한 목적을 위해 악용될 소지도 있다. 기자가 바람직하다고 생각하는 방향으로 기사가 흘러가는 일은 언론이 지켜야 할 객관적 태도를 스스로 허무는 일일 수 있기 때문에 각별히 경계하지 않으면 안 된다. 또한 상당히 세련된 문장력을 필요로 하는데, 그 이유는 자유로운 형식 속에 기사의 요건을 실현하기 위해서는 정형화돼 있는 여타의 기사 작성 방법에 비해 매우 잘 설계된 팩트(fact)의 배치가 필요하기 때문이다. 따라서 피처를 비롯한 특수한 형식의 기사는 기자들이 느끼는 즐거움과는 별개로 기사로서의 성취를 이루는 데 많은 어려움을 수반한다. 이런 기사를 잘 쓰는 기자라면 어느 정도 독자들에게 높은 지명도를 확보할 수도 있다. 소위 '스타 기자'로 분류되는 것이다. 그런 기자는 많지 않다.

우리의 논의는 피처 기사가 중심이 되어야 할 것이다. 왜냐하면 피처 기사는 스트레이트와 더불어 스포츠 보도 형식의 한쪽 날개와 같기 때문이다. 재미있게도 한 스포츠 전문 매체에서 피처 기사의 성격을 규정하고 그 형식과 용례를 짧게 정리한 콘텐트를 인터넷 공간에 업로드했다. 이 콘텐트는 주로 사진 취재와 관련한 내용을 다루고 있지만 이 책의 독자로 하여금 피처 기사에 대해 쉽게 이해할 수 있는 훌륭한 기회를 제공하기에 여기에 옮겨 둔다.

피처(feature) 기사란?

1) 개요
- 피처기사란 '사실보다 진한 감동을 주는 뒷이야기' 등 박스형 읽을 거리 기사
- 미담이나 사례담, 가십(gossip)성 기사 등
- 사실 그 자체 보다 이면에 숨겨진 이야기나 화젯거리 등 흥미제공이 목적
- 기자의 의견이나 판단을 최대한 활용할 수 있어 보도자료보다 쉽게 채택되고 전달효과도 훨씬 큼 (많은 부분이 인터뷰를 통해 작성됨)

2) 구성요소
- 평범하지 않는 독특한 소재
- 평범하지만 독자의 흥미를 끌 수 있는 소재(예:상암동에 뜬 가나 응원단, 어디서 왔을까)
- 사건의 주인공
- 상식을 벗어난 독특한 상황
- 박진감 넘치는 사건 전개 및 갈등 구조
- 진한 감동을 줄 수 있는 에피소드

3) 유의사항(제안)
- 주인공을 등장시킨다. 이 주인공의 증언이나 체험을 핵심내용으로 함(예: 내 이름은 버팀이, "내 얘기 한 번 들어볼래?")

4) 피처의 종류

피처는 날마다 우리 주변에서 일어나지만 거의 관심의 대상이 되지 않는 사람, 장소, 사물 및 사건에 관한 통찰 또는 어떤 뉴스의 배경을 설명해 준다. 그것은 종종 인간의 감정 혹은 느낌을 드러내고 또 기자나 혹은 기타 사람들의 사적인 관점을 매력적인 방식으로 전달하기 때문에 우리의 관심을 끈다. 그래서 취재 과정에서 사진가나 편집인의 주관이 개입될 수도 있고, 뉴스성이 없어도 되는 흥미롭고 재미있는 아이디어를 기자들로 하여금 조사하게 해준다. 피처사진에는 꽃이나 동물, 어린이들을 테마로 한 것이 많지만 그것만이 전부는 아니다. 그 사진에는 '무엇'이라는 것이 필요하다. 이 '무엇'이란 즉, 사람의 감정(희·노·애·락)을 느낄 수 있는 사진을 말하는 것이 아닐까 생각한다. 대다수의 피처는 정보와 오락이 혼합된 것으로 표현되는 몇 가지 범주를 겸비한다. (뉴스 범주를 사진과 관련지어 분류, 설명-편집자 주)

뉴스 피처는 뉴스성은 있으나, 정확성과 정교성을 요구하지 않는다. 또한 뉴스 피처는 이전 사건에 대한 속보라고 할 수 있다.

사이드바(sidebar)는 보다 광범위한 사건의 한 측면을 상세히 보도하는 기사이다. 각각의 사이드바는 사건에 있어 의미 있는 부분이 되어야만 하며 보다 광범위한 기사의 오직 한 부분을 아주 상세히 표현해야 한다. 예를 들면 만약 주요 뉴스기사가 중요한 오일 스필(oil spill) 사건이라면, 몇 가지의 사이드바(예컨대 환경적인 손해, 잠재적인 소송과 범죄 기소 등)가 정화 운동을 둘러싼 여러 활동들을 완전히 설명하게끔 해야 될 것이다.

특별한 사건 피처(special events features)는 사이드바와 유사하지만, 주요 기사는 오직 한 순간에 관심을 둔다. 예를 들어 유력한 대통령 후보가 도시를 방문한다면, 피처는 방문과 관련된 다양한 활동에 대해서 준비될 것이다.

역사 피처(historical features)는 의미 있는 과거 사건의 중요성과 관련성을 보여주고자 하는 것이다. 그러한 피처는 발생한 사건을 개관하고 그 사건에 관한 최근 및 미래의 영향을 평가한다. 역사 피처의 또 다른 유형에는 어떤 도시나 주 혹은 조직의 창립기념일이 되는 과거의 사건이나 유명한 사람의 탄생기념일에 관한 것이 포함된다.

인간적 흥미 피처(human interest features)는 평범하지 않으면서 재미있고 엉뚱한 인간의 행동을 보여주는 사진을 말한다. 귀여운 아기와 동물, 수녀 등은 가장 즐겨 찾는 소재이다. 독자들에게 비극적인 사진보다 기쁘고 행복한 사진들을 제공하는 것이다. 이것은 피처기사의 가장 평범한 유형이다.

묘사 피처(descriptive features)는 방문하고 구경하는 곳, 그리고 관객으로서 참여 혹은 즐기는 사건에 초점을 둔다. 그 예로는 박람회, 야외극, 서커스와 카니발 혹은 극장 등을 비밀리에 관람하는 것 뿐 아니라 레크리에이션 지역과 관광객의 관심의 대상이 되는 곳에 대한 프로필이 속한다.

시즌 피처(season features)는 일 년 동안에 일어날 수 있는 특별한 사건에 초점을 둔다. 시즌 피처는 특별한 일 년 간의 수확, 계절의 변화, 박람회, 페스티벌 혹은 활동들도 포함한다. 이것은 몇 가지의 테마와 관련된다. 예를 들어 연어의 이동, 목재의 수확, 식목일의 나무심기 등.[07]

스포츠 피처

예문에서 보듯 피처 기사의 형식은 매우 다양하다. 그러므로 '피처 기

---

07   엑스포츠뉴스, 2008. 8. 14.

사란 이것이다'라는 식으로 단순하게 정의하기 어렵다. 피처 기사의 목적을 일반적인 보도와 다르다고 생각할 수도 있다. 피처 기사는 단순히 독자에게 정보를 제공하는 데 목적을 두지 않는다는 것이다. 그렇다면 피처 기사의 목적은 무엇인가? 새로운 정보보다는 흥미로운 이슈의 발굴과 제시에 무게 중심을 둔다고 볼 수도 있다. 그러므로 피처 기사를 쓰는 기자들은 넓은 범위에서 자료를 수집한다. 경우에 따라서는 아주 사소한 자료도 훌륭한 피처 기사거리가 될 수 있다. 피처 기사는 정보의 중요성 못지않게 기사의 스타일과 적절한 시사성, 논쟁거리, 흥미로운 에피소드, 작지만 잘 알려지지 않은 사실이 전해주는 가벼운 놀라움 등도 세련되게 가공하여 독자에게 제공한다. 특히 피처 기사가 잘 소화해 낼 수 있는 분야는 '사람'에 대한 내용일 것이다. 피처 기사는 사람에 대해 말할 때가 많다. 이런 기사를 읽을 때 독자는 곧잘 감동한다.

일본 나라 현의 코마 컨트리클럽 입구에는 다보탑이 서 있다. 그늘집은 한옥 팔각정 건물이다. 골프장에서 가장 인기 있는 음식은 곰탕이다. 이름도 한국과 관계가 있다. 코마를 한자로 쓰면 고려를 뜻하는 의미로 1000여 년 전 고구려 패망 후 도래인들이 정착한 지역을 뜻한다. 『일본서기』는 7세기 중반 표류한 고구려인들이 일본의 교토 남부에 정착해 '카미코마무라(上高(句)麗村)'와 '시모코마무라(下高(句)麗村)'라는 마을을 만들었다고 전한다.

이 골프장은 간사이 지역 재일동포들의 정신이 담긴 곳이다. 일본 법인에서 18년간 근무한 진옥동 신한은행장은 "1970년대 일본에서 비즈니스를 하려면 골프를 해야 했는데 재일동포들은 회원으로 받아주지 않아 제약이 컸다. 그래서 동포들이 독자적인 골프 코스를 만들었다"고 말했다.

코마 골프장의 건설은 간사이 지역 한국 교포들의 리더였던 고 이희건 전 신한은행 명예회장이 주도했다. 이 회장의 아들 이경재 씨는 "아버지는 코마 골프장에서 고향을 느낄 수 있어야 한다고 여겼다. 건물과 음식뿐이 아니다. 코스에 미루나무도 심었는데, 바람에 나뭇가지가 흔들리는 고향의 소리를 듣기 위해서였다"고 전했다.

1970년대 오사카를 중심으로 한 간사이 지역 교포들은 스케일이 컸다. 코마 골프장은 당시 최고 스타인 개리 플레이어가 설계했고 일본 PGA 챔피언십 등이 열린 명문 코스다. 오사카 경제인들은 1년 후 한국에 동해오픈을 만들었다. 한국과 일본이 친선을 도모하고 양국 골프 발전에 이바지하자는 뜻으로다. 이듬해엔 신한은행을 설립했다.

한국의 신한은행은 번창하고 있다. 그러나 재일교포들은 일본 경제의 버블이 터지면서 많은 것을 잃었다. 코마 골프장도 문제의 원인 중 하나였다. 골프장 회원권 가격이 폭락, 반환 청구 요구가 빗발쳤다. 재일교포들이 만든 관서흥은이 코마 골프장에 출자했는데 일본 금융 당국은 적절하지 않다고 봤다.

관서흥은과 코마 골프장 양쪽에 영향력이 큰 이희건 회장이 금융 당국에 고발당했고 사재를 털어 출자금을 반환했다. 관서흥은은 2000년 사업을 접었다. 일본 버블이 터진 후 미국 자본이 골프장들을 대거 사들였다. 그러나 코마 골프장은 재일교포들이 소유하고 있다.

이 골프장에서 8일부터 한국프로골프협회(KPGA) 투어 신한동해오픈이 열린다. 1981년 시작된 신한동해오픈이 해외에서 열리는 것은 이번이 처음이다. 재일동포들이 만든 신한은행의 뿌리 찾기 여행 성격이다.

진옥동 신한은행장은 "2002년 한일 월드컵 공동 개최 기념으로 일본 PGA 챔피언십이 코마 골프장에서 열렸는데 동포들의 열정이 대단했다.

이번 대회도 교포 3, 4세에게 조상의 고향을 기억할 기회가 될 것"이라고 기대했다.

간사이 지역 재일교포들이 코마 골프장을 중심으로 뭉치지 못했다면 신한은행이나 신한동해오픈은 존재하지 않았을지도 모른다. 재일동포들은 신한은행과 코마 골프장, 골프를 통해 고향과 연결됐다.[08]

그러나 피처 기사가 단지 흥밋거리만을 다루는 경량(輕量)의 보도 형식이라고 생각해서는 안 된다. 피처 기사에 대한 또 다른 시각의 하나는 피처 기사가 궁극적으로는 독자들에게 어느 사건이 어떠하였으며 그것이 의미하는 바가 무엇이었는지, 아니면 특정한 개인이 어떠한 존재이며 그가 보여준 행동이 어떤 의미를 지니는지 독자들에게 말해주어야 한다는 것이다. 즉 피처 기사는 독자들에게 단순히 어떤 사건의 발생 사실이나 그것이 누구에게 어떻게 발생하였는가를 전달하는 것이 아니다. 그 사건의 전체적인 윤곽과 그러한 정황을 둘러싼 분위기, 관계된 인물의 특성 등을 아울러 전달해야 한다. 그럼으로써 독자들은 더 깊은 이해에 도달할 수가 있다.

또 다른 지적에 의하면 우수한 피처 기사는 스포츠에 관한 것이건 아니건 간에 틀에 박히지 않고 자유로운 스타일을 중시해야 하며 어떤 특색을 지녀야 한다는 것이다. 따라서 독자들은 스포츠 피처에서 엉뚱하거나 색다른 내용을 자주 보게 된다. 독자들은 재미있는 사건뿐만 아니라

---

08   중앙일보, 2022. 9. 8.

가슴 아픈 일을 주제로 한 스포츠 기사를 읽는다. 또한 피처 기사를 흥미로운 스타일로 쓸 경우, 평범한 일도 주제로 삼을 수 있다. 다니엘 윌리엄슨은 유력한 피처 기사를 쓰기 위한 네 가지 요소를 제시했다. 첫째, 기사 작성 및 구성 형식, 취재원의 선정, 자료의 활용 면에서 창의력을 발휘하라. 둘째, 기사를 주관적으로 다루어라. 주제에 주관적으로 접근하고 그것을 기사에 반영되도록 하라. 셋째, 기사가 지니는 뉴스의 정보적 성격을 망각하는 일이 없도록 하라. 즉 우수한 피처 기사는 고도의 뉴스 및 정보 요소를 지녀야 한다. 넷째, 위의 세 가지 목표를 충족시키면서도 흥미로운 기사로 완성하라.

아이디어

피처 기사를 쓰기 위해서는 소재를 개발해야 한다. 아주 쉬운 방법은 스포츠 면에 보도된 일상적인 기사의 여백을 더듬어 내는 일이다. 다소 흥분한 선수의 말이나 이긴 팀 코치의 행동, 경기나 대회의 밑바닥에 흐르는 기류나 그것을 둘러싼 분위기, 보이지 않는 곳에서 일하는 사람들이 모두 피처 기사의 소재로 떠오를 수 있다. 소재보다 중요한 것은 기자의 안목과 솜씨이다. 주제를 발견해 내고 방법을 결정하면 자연히 좋은 피처 기사를 쓸 수 있게 된다. 주제를 발견해 내는 힘은 영감이나 호기심, 경험에서 나온다. 그러나 영감이란 분석의 대상이 아니고 노력을 통해 향상시킬 수 있는 여지도 적다. 호기심은 무심한 시선에는 드러나지 않을 진실 또는 의외성의 가닥을 잡게 해준다. 그렇게 되면 기사의 관

점과 핵심은 무엇이며 이것을 어떤 방법으로 전달할 것인가 등이 일목
요연하게 결정된다. 뿌리줄기에 줄줄이 엮여 올라오듯 맛깔스런 기사가
완성될 것이다. 경험은 기자의 안내자 역할을 할 수 있다. 그리고 기자가
흥미롭게 다룬 소재는 독자에게도 흥미롭게 다가갈 것이다.

우리 주변에는 피처 기사의 소재들이 널려 있다. 스포츠 기자에게는
경기장과 그 주변, 구단 사무실, 선수들의 훈련장, 프로 스포츠 팀이 깃
들인 지역 연고지, 그곳에 무수한 팬들 속에 피처 기사의 소재가 존재한
다. 또한 스포츠 기자에게는 그들에게 정보를 제공하고 싶어 하는 인물
들이 많다. 스스로 정보 제공자가 되려는 인물들이 그토록 많은 이유는
스포츠에서 정보의 제공은 범죄적 요소가 많지 않기 때문일지도 모른다.
스포츠 종사자나 스포츠를 좋아하는 사람들만이 지니는 호승심(好勝心)
이 스포츠 미디어에 자신의 정보를 제공한 다음 나타나는 결과를 즐기
거나 확인하려는 심리가 작용하는지도 모른다. 그뿐인가? 넘쳐나는 보
도 자료, 다른 지역에서 간행된 신문이나 잡지도 스포츠 홍보 요원처럼
피처 아이디어를 제공한다. 위에 예로 들었던 스포츠 전문 매체가 사진
을 위해 정리한 피처 기사의 소재들은 기자의 발랄한 사고가 창조해 낼
수 있는 수많은 피처 기사의 가능성을 짐작하게 해 준다.

피처를 발견하는 20가지 방법

1) 특별한 곳을 찾아 돌아 다녀라
2) 기념일 등 특별한 날 기록
3) 도시와 그 이면의 생활들

4) 행사, 이벤트에 대한 자료 수집

5) 자신의 명함을 돌려 여러 사람의 정보원을 둬라

6) 항목별 광고를 참조하라

7) 존경하는 사진을 연상해서 찍어라, 모방 → 창조

8) 낯선 장소에 가 보라

9) '사랑'과 같은 낱말을 반영하는 예를 찾는다

10) 웃음을 주는 사진

11) 벽화를 이용하라

12) 특수 전문직

13) 실루엣, 패턴, 그림자 이용

14) 항상 준비(다른 주제를 찍더라도 피처가 보이면 찍는다)

15) 어안렌즈 이용

16) 직업학교 학생들

17) 국가의 이야기, 경향

18) 에이즈, 게이

19) 사회 단체 자료 요청

20) 항상 피처를 개발하라[09]

어안렌즈(魚眼lens)는 사진기에만 필요한 것이 아니라 사물과 현상을 대하는 기자의 마음속에도 필요하다. 기자는 주변을 낯선 풍경처럼 돌아보는 자세를 가질 필요가 있다. 늘 출입하는 경기장이나 구단 사무실을 불현듯 외국인 또는 나그네의 눈으로 관찰하려는 노력은 새로운 기사를

---

09   엑스포츠뉴스, 2008. 8. 14.

쓸 수 있는 힘과 기회를 제공한다. 소수자(少數者)에 대한 관심은 언제나 필요하다. 필자는 2002~2003년 독일 연수중에 레버쿠젠의 바이엘(Bayer; 바이엘이라고 쓰지만 발음은 '바이어'에 가깝다) 스포츠클럽에도 적을 두었다. 거기서 경기장의 잔디를 관리하는 직원(Green Keeper)을 만나게 되었다. 분데스리가에 속한 레버쿠젠 축구 클럽의 홈 경기장은 바이아레나(BayArena)이다. 구단 직원들은 이 경기장의 2층에 있는 클럽 레스토랑에서 점심식사를 했다. 잔디 관리자도 여기서 식사를 했는데, 당시 단장이던 라이너 칼문트와 같은 테이블에 앉아 허물없이 대화하는 모습은 인상적이었다. 이들을 통하여 그들이 자신들의 직업과 구단의 전통에 대해 지니는 자부심, 그리고 구단이 그들에게 부여하는 몇 가지 특전(예를 들면 무료입장권. 이 입장권으로 그들의 가족이나 친지 또는 친구들을 경기장으로 초대할 수 있다)으로 인한 기쁨에 대해 알게 되었다. 이러한 경험은 그 자체로도 기사거리였을 뿐 아니라 귀국하여 취재 현장에 복귀했을 때 또 하나의 방대한 취재 영역을 갖게 하는 결과를 낳았다.

특정 언론사의 스포츠 팀이 강하다면 편집회의 시간에 또는 에디터나 데스크와 기자의 대화를 통하여 많은 피처 아이디어를 생산할 수도 있다. 성공적인 피처 기사는 에디터의 머릿속에서도 구상된다. 에디터들은 젊은 기자들에 비해 경험과 지식이 풍부하므로 적절한 시점에 기사 아이디어를 제공할 수도 있다. 그러나 현실적으로 강력한 스포츠 취재팀을 보유했거나 보유하기를 원하는 언론사는 국내에 없는 것 같다. 많은 언론사에서 스포츠는 여전히 주력 취재 분야가 아니고 스포츠 취재팀이란 엔터테인먼트와 같은 얄은 흥밋거리를 제공하는 부수적인 조직일 뿐이다. 기자들의 근무 기간은 짧으며 이직률이 높고 따라서 연륜이 깊은 베테랑 기자의 노하우 따위는 찾아보기 어렵다. 심지어는 스포츠 취재 부서를 두지 않는 언론사까지 있다(그래도 '스포츠 면'은 있다).

사람, 이야기

기사 아이디어는 정제(refinement) 과정을 거쳐야 한다. 기자가 취재한 자료에서 취해야 할 요소와 무시해도 좋을 요소를 가려내는 일이다. 그럼으로써 기자는 기사에 초점과 방향성을 부여하게 된다. 개리슨은 기자가 기사 아이디어를 개발하는 데 요긴한 세 가지 과정을 권하고 있다. 첫째 취재원의 목록 작성, 둘째 아이디어나 쓰고자 기사의 주제 요약, 셋째 인터뷰 목록 작성이다. 한편 벤튼 레인 패터슨[10]은 어떤 형태로든 피처 기사를 쓰는데 있어 성공에 기초가 되는 세 가지 법칙을 제시하였다. 첫째 기사 속에 사람(인물)을 넣어라, 둘째 이야기를 들려주어라,[11] 셋째 독자가 스스로 보고 듣게 하라. 이 충고들 가운데 귀담아 들을 대목은 '인물'이다. 인물 기사는 늘 힘이 있고, 대개의 경우 새롭게 느껴진다.

---

10   벤튼 레인 패터슨은 전직 신문·잡지 기자이며 편집자이다. 『New York Times』와 『Saturday Evening Post』에서 활동하였다.

11   스토리텔링(storytelling). 단어, 이미지, 소리를 통해 사건을 전달하는 것을 말한다. 스토리 또는 내러티브는 모든 문화권에서 엔터테인먼트, 교육의 수단, 문화 보존 및 도덕적 가치를 공유해 왔다. 이야기와 스토리텔링에는 줄거리(plot), 캐릭터, 그리고 시점이 포함되어야 한다. - 위키백과사전

1라운드 첫 홀 우즈의 잘 친 티샷이 디봇에 들어간 걸 발견했을 때 왠지 느낌이 좋지 않았다. 1번 홀 깃발은 스윌컨 개울 바로 뒤에 아슬아슬하게 꽂혀 있었다. 매우 정교한 샷을 쳐야 한다. 2015년 이곳에서 열린 디 오픈 첫 홀 개울에 볼을 빠뜨리고 얼굴을 찡그리던 우즈의 모습이 다시 연상됐다. 나쁜 예감대로 우즈는 볼을 물에 빠뜨렸고 더블보기로 경기를 시작했다.

우즈는 지난 14일 골프의 고향인 세인트앤드루스 올드 코스에서 개막한 150회 기념 디 오픈에서 우승하기를 간절히 원했다. "지난해 교통사고를 당한 후 재활하면서 이 대회만 생각했다."고 했다.

그러나 우즈는 2라운드 17번 홀까지 9오버파로 컷 탈락이 확정됐다. 그가 약간 다리를 절며 18번 홀 스윌컨 개울 돌다리에 다가서자 관중석에서 환호와 기립박수가 터져 나왔다. 모자를 들어 답례한 후 우즈는 이전보다 모자를 더 깊숙이 눌러 썼다. 우즈는 아무것도 아닌 것처럼 보이려 했겠지만, 모자 아래로 흐르는 눈물을 닦는 모습은 쉽게 알 수 있었다. 그는 울컥거리면서 칩샷을 했다.

올드 코스 18번 홀 스윌컨 개울은 진지한 골퍼들에겐 특별한 의미다. 개울을 건너기 전엔 너른 땅인데 개울을 건너면 앞이 잘 보이지 않는 황무지 비슷하다. 전혀 다른 세상, 피안과 차안의 경계 같은 곳이다. 개울을 다시 건너 올 때는 사랑하는 골프에 안녕을 고하는 의미다. 아널드 파머와 잭 니클라우스, 톰 왓슨은 스윌컨 다리 위에서 마지막 인사를 했다. 골프라는 영적인 스포츠는 올드 코스에서 시작됐고, 여기서 끝난다.

이번 대회 우즈는 옷을 따뜻하게 입었다. 두꺼운 바지와 긴 팔 셔츠, 얇고 두꺼운 조끼를 겹쳐 입었다. 넥워머도 걸쳤다. 날이 쌀쌀하긴 했지만 반소매만 입은 젊은 선수도 많았다. 해가 나 기온이 확 올라간 이후에도 우즈는 한동안 옷을 벗지 않았다. 그만큼 몸이 아프다. 우즈는 허리와 무륨 수술을 다섯 번씩 했다. 지난해 교통사고로 인한 수술로 금속 조각들이 그의 오른쪽 다리에 박혀 있다. 그 몸으로 우즈는 스키장 같은 오거스타 내셔널의 언덕길을 걸었고, 파도치는 것처럼 울퉁불퉁한 올드 코스의 페어웨이를 걸어야 했다.

"스윙이 아니라 걷는 게 힘들다."라고 했던 그는 원한다면 카트를 탈 수도 있었다. 전통을 중시하는 메이저대회지만 존 댈리 등은 부상을 이유로 카트를 탔다. 우즈는 훨씬 더 아팠고 신청했으면 허가를 받았을 것이다. 그러나 우즈는 그러지 않았다.

우즈는 22세 때 마스터스에서 12타 차 우승했다. 2000년 US오픈에서는 15타, 올드 코스에서 열린 디 오픈에서는 8타 차 챔피언이 됐다. 2008년 US오픈에서는 무릎이 고장 난 상태로 연장 포함 91홀 간의 전투에서 승리했다. 이렇게 억척스럽게 강했던 이 사내가 눈물을 흘렸다. 그가 스윌컨 다리를 건널 때 해가 유난히 쨍쨍했는데, 올드 코스에 평소처럼 우울한 구름이 꼈다면 차라리 나았을 터다.

우즈는 경기 후 인터뷰에서 "나는 자주 눈물을 흘리는 사람이 아닌데 눈물이 좀 났다."고 했다. 그 말을 듣고 기자도 모자를 좀 더 눌러써야 했다. 그는 또 "삶은 계속된다. 다들 이해할 것이다. 올해 경기할 수 있다는 것만으로도 감사한다. 내가 여기 있게끔 해준 모든 분에게 감사한다."고 했다.[12]

스포츠 피처 기사도 보통의 기사를 작성할 때와 마찬가지로 여러 가지 머리글과 구성 방식을 활용한다. 가장 보편적인 머리글은 요약일 터

---

12 중앙일보, 2022. 7. 17.

이나 이 방식이 모든 경우에 효과적인 것은 아니다. 기사의 시작은 인용 문이나 인터뷰 대상자의 말일 수도 있다. 때로는 "허스트가 슛한 공은 골 라인을 넘었는가, 넘지 못했는가?"라는 식의 직설 화법으로 문제의 핵심 을 찌르고 들어갈 수도 있다. 어찌됐든 머리글은 단숨에 독자의 눈길을 사로잡는 힘이 있어야 한다. 신문을 예로 들면, 지면 위에 배치된 모든 기사는 서로 조화를 이루기보다는 숙명적으로 경쟁한다. 이 경쟁에서 이 겨 독자의 뇌리에 각인되기 위해서는 남다른 노력이 필요하다.

모든 피처 기사의 머리글이 모든 정보를 몇 개의 문장에 함축해야 하 는 것은 아니다. 육하원칙을 엄격하게 지켜야 한다는 제한도 없다. 기사 가 말하려는 모든 정보는 결국 독자에게 전달되어야 하지만 '가분수 기 사'에 집착할 필요는 없다는 뜻이다. 물론 많은 피처 기사들은 뉴스 스타 일과 역 피라미드식 구성에 의존해 쓰인다. 사건을 발생일자 및 시간 순 서로 기술하는 발생순서 나열 방식도 사용된다. 드물기는 하지만 미국 스포츠 기자 중에는 서스펜스(suspense) 구성을 사용하는 기자도 있는데 이는 결과를 계속 숨기고 있다가 맨 나중에 밝힘으로써 독자들을 깜짝 놀라게 하는 방법이다.[13]

이렇듯 피처 기사를 쓸 때는 칼럼을 쓸 때보다 더 많은 자유가 보장 된다. 기자는 자유로운 형식(Free Style)으로 기사를 작성할 수 있다. 이 사 실은 곧 기사가 단숨에 독자에게 어필하도록 해주는 흥미롭고 창조적인 머리글의 가능성과 필요성을 의미한다. 물론 머리글은 중요하지만 탄탄

---

13 방열, 2001, 71쪽.

한 구성도 잊어서는 안 된다. 그렇기 때문에 쓰고자 하는 기사의 요점정
리를 해둘 필요는 없더라도 기사의 흐름과 결말을 항상 머릿속에 넣고
있어야 한다. 형식에 구애받지 않는다는 말은 기자에게 단지 신나는 해
방의 공간만을 허용하지 않는다.

기사

　좋은 아이디어가 떠올랐을 때, 또는 취재원으로부터 새로운 정보를
입수했을 때 기자들은 입버릇처럼 "야, 그거 기사 되겠다."라고 말한다.
그런데 몇몇 기사거리는 기자의 뇌리에 와 박히는 순간 그 형태와 작성
방향이 정해진다. 신문에 게재되는 피처 기사의 형식은 비교적 간단한
데, 그 이유는 지면이 한정돼 있는데다 기자들도 긴 호흡의 기사에 적응
돼 있지 않기 때문이다. 단순한 기사라고 해서 열등한 기사라고 볼 수는
없다. 어떤 기자들은 형식적인 머리글을 쓰는 대신 주제가 되는 상황이
나 사실을 설명한 다음 세부적인 내용을 기술해 나간다. 이러한 피처 기
사는 흔히 케이스 스터디(case study)로 시작되는데, 특정한 팀이나 선수에
대한 기술을 상세히 한 다음 리그나 스포츠 자체에 대한 일반적인 기술
로 이어진다. 이러한 방식으로 쓴 기사들은 독자가 주제를 이해하기 쉽
게 돼 있어야 한다. 문답 형식으로 쓰는 경우도 많은데, 문답 형식은 잘
못 사용하면 무성의하고 무의미한 기사가 될 수도 있다. 기자들은 가끔
정교한 구성과 잘 분석된 팩트에 의해 기사를 쓰는 대신 일문일답으로
취재 대상이 말한 정보를 독자에게 옮기는 것으로 손을 털 때가 있다. 이

럴 경우 멋진 피처물이 될 수 있었던 기사가 조금도 재미없고 정보도 빈곤하여 지면만 아까운 Q&A 기사로 전락할 위험이 있다. 물론 정말 잘 쓴 일문일답 기사는 평면적인 서술보다 생생한 현장감과 충실한 정보, 그리고 기사를 읽는 즐거움을 독자들에게 제공할 수 있다.

- **사이드바**(sidebar): 사이드바는 신문의 다른 난과 마찬가지로 스포츠 면에서도 한 페이지 또는 계속되는 다음 페이지에서 직접적 뉴스기 사의 위나 아래, 혹은 옆에 게재된다. 사이드바는 주요 기사와 관련한 추가정보를 제공하는 역할을 한다. 스포츠 경기를 보도할 주요 기사는 경기 결과와 내용을 다루게 되지만 몇 개의 사이드바를 통해 빛나는 플레이를 한 선수나 그의 플레이 자체, 코치들의 평가와 관중의 반응 등을 덧붙여 소개할 수 있다. 사이드바를 통해 소화할 수 있는 기사의 범위는 매우 넓으며 기자들은 대부분 피처 기사를 쓰는 방식으로 사이드바를 다룬다.

- **색채기사**(color story): 특정 주제에 초점을 맞추고 그와 관련된 세부 사항에 대해 상세히 기술하는 형식이다. 이 세부사항들은 다른 기사 와 관련하여 선명하게 분위기를 부각시키는 기능을 한다. 그런 이유 때문에 색채기사는 사이드바로 자주 이용된다. 색채기사를 쓰는 특별한 규칙은 없다. 특정 사건이나 이슈에 초점을 맞추는 경우가 일 반적이지만 늘 그런 것도 아니다. 스포츠 경기의 치어리더의 잘 알 려지지 않은 개인 스토리나 중요한 경기를 관전한 스포츠팬의 이야기일 수도 있다.

- **인물 소개**(personality profiles): 뉴스에 소개된 특정인을 주로 다룬다.

뛰어난 성적을 거둔 선수나 특정인의 성공담이나 실패담도 소재가
된다. 인물 소개 기사는 전통적으로 대상인물의 평소 생활을 주제와
연계시키는 일화들을 담는다. 난생 처음 우승을 한 선수나 감독, 은
퇴를 앞둔 선수나 심판, 부상을 당한 스타의 이야기도 소재가 된다.
이런 기사는 사실 전형적인 피처 기사에 속한다고 볼 수도 있다.

- **세간의 관심사**(human interact story): 사람과 관련해 독자들을 심사숙
  고하도록 유도하는 기사도 있다. 이 기사는 인물 소개 기사와 같은
  것일 수도 있으나 독자에게 감동을 준다. 이 기사는 특수한 배경을
  전제로 하기 때문에 흔한 일상적 피처 기사와는 다르다. 기사는 독
  자가 주제를 파악할 수 있도록 단순하게 쓰는 것이 좋다. 복잡한 구
  성은 독자를 혼란스럽게 하기 쉽다. 장애인 선수의 분투, 승리를 위
  해 감수해야 했던 힘든 훈련, 유망한 선수를 경기에 출전시키기 위
  해 행해진 지역 사회의 노력 등은 좋은 소재가 될 것이다. 이 부문의
  잘 쓴 기사는 독자를 빨아들이는 힘이 매우 강하다. 키포인트는 인
  간적 요소인데, 좋은 피처 기사 가운데는 비상한 경험이나 특정 인
  물의 고난 극복 과정 또는 지역이나 국가적인 쟁점이 되는 문제들을
  다룬 예가 많다.

- **예고 기사**(advance): 스포츠 보도 가운데는 앞으로 열릴 중요한 경기
  에 대한 예고 기사가 많다. 이들 예고 기사가 반드시 피처 기사일 필
  요는 없다. 보통의 예고 기사는 대체로 길이가 짧고 누가, 무엇을, 어
  디서, 언제, 어떻게, 왜 등 육하원칙을 준수한다. 이런 기사의 형식은
  대부분의 경우 역 피라미드 형식이다. 독자들에게 가장 중요한 사항
  을 먼저 알리고 나머지 소소한 정보를 중요도 순서에 따라 나열한
  다. 피처 형식으로 작성된 예고 기사는 경기에 대한 관심을 고조시

킨다. 기사를 읽은 독자는 앞으로 열릴 경기에 대해 강한 궁금증을 가지게 되며 속보에 높은 관심을 보인다. 그러므로 피처 형식의 예고 기사는 일반적인 예고 기사보다 더 많은 정보를 담고 있어야 한다. 기본적 사항 뿐 아니라 그 경기가 갖는 특수성이나 각 팀의 전력, 부상 선수의 상태, 코치 등에 관한 정보를 피처 기사의 양식에 의해 전달할 필요가 있다.

- **속보 기사**(follow-up story): 피처 형식의 속보 기사는 아주 재미있게 읽히는 기사다. 속보 기사는 경기가 끝난 지 하루나 이틀 후에 나오는데, 경기 당일이나 경기가 끝난 후에도 알려지지 않은 소식을 다룬다. 그러므로 경기의 결과나 기록 같은 요소는 관심 밖이다. 주제는 '어떻게', '왜', '사실은' 등의 키워드로 압축된다. 그렇다고 해서 속보는 반드시 경기와 관련된 스트레이트의 뒤늦은 보충판이 될 필요는 없다. 별도의 발생 기사를 가공하여 피처 스타일의 속보로 처리하는 수도 있다. 속보 피처는 예고 기사와 매우 흡사한 방법으로 피처 기사의 모든 요소를 활용한다. 이 기사는 독자들에게 새로운 정보를 전달하고 기왕에 제공한 정보에 대해 다시 숙고하게 만드는 역할도 한다. 그러나 이미 보도된 내용과 연결성을 지녀야 하며 최초의 보도를 접하지 못한 독자를 위하여 짧은 서머리가 필요할 경우도 있다. 이러한 유형의 기사는 잡지에서 활용하기에 좋지만 신문에서도 요긴하게 사용된다.

칼럼

아무나 칼럼 기사를 쓸 수는 없다. 상당히 훈련된 기자가 높은 지명

도와 전문성을 확보했을 때 비로소 칼럼을 쓰게 된다. 스포츠 기자에게
도 칼럼을 쓰는 일은 매우 매력적인 일이다. 신문의 경우 칼럼은 지면에
서 눈에 잘 띄는 곳에 배치되게 마련이며 칼럼을 쓴 기자의 이름이 돋보
이도록 편집된다. 그리고 칼럼의 형식은 매우 자유롭다. 기자가 아닌 사
람이 전문 칼럼니스트로서 신문이나 잡지에 기고를 하는 경우도 있다.
칼럼 기사는 기자나 칼럼니스트의 의견을 강하게 드러낸다. 그래서 의
견 기사라는 표현도 한다. 독자들도 칼럼 기사가 매우 주관적인 글이라
는 사실을 받아들인다. 물론 엄격하게 중립적 태도를 고집하는 칼럼 필
자도 있다. 그러나 대부분은 개인적 판단에 충실한 글을 쓴다. 경우에 따
라서는 칼럼이 그 칼럼을 게재하는 신문의 편집 방향과 일치하지 않는
경우도 있다. 특히 외부 필자(즉 칼럼니스트)의 기고를 받아 게재할 때 이런
일이 자주 생긴다. 신문은 이러한 경우에도 칼럼 집필자의 의도, 즉 집필
의도를 최대한 존중한다. 칼럼이 실리는 면에는 흔히 외부 필자의 글이
신문의 편집 방향과 다를 수도 있다는 사실이 적시된다.

 스포츠 저널리즘에 있어 뛰어난 칼럼니스트들은 해당 분야의 권위자
로 인정받는다. 그들은 주제의 선정에서부터 문장을 구사하는 데까지 남
다른 역량을 보여주곤 한다. 때로는 문학적이라는 생각이 들 정도로 아
름다운 문장을 구사하기도 하고 때로는 추상같은 문장으로 모순을 지적
하기도 한다. 프로 스포츠가 발달한 미국의 경우 이름난 칼럼니스트들
의 글은 그들이 주로 활동하는 연고지 신문 뿐 아니라 신디케이션(syndi-
cation; 기사, 논설 등을 동시에 각종 신문과 잡지에 배급하는 제도) 및 뉴스 서비스
에 의해 전국 신문에 게재된다. 이들의 명성은 스포츠팬 사이에 매우 높

다. 이들은 그들이 활약하는 종목의 오피니언 리더로서 막강한 영향력을 발휘한다. 국내의 스포츠 저널리스트 가운데 오피니언 리더 역할을 하는 대형 칼럼니스트를 찾아보기는 어렵다. 좋은 칼럼을 쓰는 기자도 소속사가 정해져 있어 한정된 독자에게만 기사를 공급한다. 인터넷을 통하여 대중에게 기사가 공급된다고는 하지만 일간 신문에 활자로 인쇄된 칼럼이 지니는 압도적 이미지를 대체하지는 못하는 듯하다. 그러나 좋은 칼럼을 써서 한국 스포츠 문화의 발전에 기여하는 뛰어난 기자와 칼럼 필자들은 적지 않다고 본다.

탁월한 스포츠 칼럼니스트는 특출한 집필 능력을 가진 사람이다. 특정 분야의 전문가라고 해서 훌륭한 칼럼니스트가 될 수는 없다. 좋은 칼럼니스트들에게는 몇 가지 특징이 있다. 그들은 흥미로운 얘깃거리를 생산해 멋진 글로 독자에게 어필한다. 그들이 쓰는 글은 소재나 기법이 새롭고 매력적이다. 또한 높은 수준을 계속해서 유지한다. 독자들은 그들의 칼럼에 매혹되고 다음 게재 순서를 기다리게 된다. 그래서 뛰어난 칼럼니스트들의 글은 연재 형식으로 매주, 또는 격주로 게재되는 것이다. 스포츠 칼럼니스트들은 보통의 기자에 비해 전문성이 높다. 그들은 남다른 지식과 많은 정보원을 확보하고 있다. 특히 해당 분야와 관련한 전문 지식은 경기인이나 그 출신자들을 능가하는 수준일 경우도 있다. 이전문 지식은 기자 자신의 노력과 오랜 경험에서 나온다. 간혹 해당 경기 분야의 코치 자격이나 심판 자격, 지도자 자격 등을 보유한 사람도 있다. 대부분의 스포츠 칼럼니스트들은 칼럼니스트가 되기 전에 일반 스포츠 기자로서의 경험을 쌓은 사람들이다. 또한 좋은 칼럼을 쓰는 기자들 가운데 상당수는 나중에 스포츠 부서의 데스크나 에디터로 자리를 옮기는 경우가 많다.

칼럼니스트의 본성은 기자다. 진정 뛰어난 칼럼니스트는 현장 속에서 소재를 잡아낸다. 현장에 강한 칼럼니스트는 숙련된 관찰 능력을 활용할 뿐만 아니라 취재원을 인터뷰하고 각종 문헌 자료와 기록을 검색해 깊이와 시야를 겸비한 칼럼을 완성한다. 훌륭한 칼럼니스트는 훌륭한 기자이며 세련된 기자는 세련된 칼럼니스트의 재능을 가지고 있다. 강한 칼럼니스트를 보유한 매체는 독자들의 신뢰를 받는다. 한국의 한 신문이 스무 명의 우수한 칼럼니스트를 보유했다면 그 영향력은 시대와 세대를 초월할 수도 있을 것이다. 그러나 스포츠 칼럼니스트가 이런 수준에 도달하기 위해서는 전 생애를 바쳐야 한다.[14] 칼럼을 쓰기는 힘들다. 더구나 매주 한 번씩 닥치는 마감에 맞추어 칼럼을 생산해 내는 일은 쉽지 않다. 칼럼은 텍스트의 양도 부담스러운데다가 많은 자료와 기반 지식을 필요로 하기 때문에 칼럼니스트들은 심한 스트레스를 느낀다. 책 몇 권을 가지고 칼럼 한 편을 완성하기는 어렵다. 칼럼의 성패는 양이 아니라 질에 달려 있다. 칼럼니스트는 규칙적으로 고품질의 기사를 생산해야 하며 늘 기사의 질에 대한 도전 속에 살고 있다. 심지어는 기사를 쓰고 싶은 마음이 없거나 소재가 떠오르지 않을 때도 피해갈 수가 없다. 마감 앞에 선 그들에게 칼럼 쓰기란 거둘 수 없는 잔(盞)인 것이다.

스포츠 칼럼니스트들은 논쟁적일 때도 있다. 그들은 오랜 경험에서

---

14 방열, 2001년, 88~89쪽.

비롯된 소신을 그들의 칼럼에 반영하며 험난한 길을 선택할 때도 있다. 때로는 독자들이 그다지 흥미로워 하지 않을 만한 주제도 다룬다. 논쟁적인 칼럼니스트들은 스포츠 현장 종사자들(이를테면 선수나 코치, 구단 관계자들)이 저지르는 불의와 불합리에 대해 주저 없이 비판한다. 이러한 비판은 종종 반격을 초래하기도 한다. 국내 언론의 현실에 비추어 보면 대단히 위험한 상황이 벌어지는 것이다. 교전(交戰)이 계속되는 동안 칼럼을 쓴 기자나 칼럼니스트들은 그들이 속한 언론사로부터도 충분한 지원을 받지 못한 채 한데서 싸워야 하는 경우가 허다하다. 아마도 소속사는 싸움에서 패할 경우 징계하기 위해 일지와 인사 서류를 점검하며 기다릴 지도 모른다. 그러나 진정한 칼럼니스트들은 위험과 고통을 기꺼이 감수한다.

칼럼의 형식은 다양하다.

- **수필형**(essay): 그야말로 붓 가는 대로 쓴 것처럼 보이는 칼럼이다. 수필이 그러하듯 이 칼럼 스타일은 형식에 구애받지 않으며 구성 형식도 복잡하지 않다. 도입부에 주제가 제시되고 이어서 논의가 전개되며 마지막으로 요약이나 결언으로 마무리된다. 단순한 형식임에도 불구하고 수필형의 칼럼 스타일은 많은 기자와 전문 칼럼니스트들에게 애용된다. 단순한 만큼 독자에게 친숙한 스타일이기 때문에 칼럼의 흡수도는 매우 높은 편이다. 독자들은 편안하게 수필형의 칼럼을 읽는다. 여기에는 유머도 가미되고 풍자도 곁들여져 읽기에 즐거운 칼럼이 될 수도 있다. 그러나 유머나 풍자는 어디까지나 칼럼의 맛을 더하기 위한 것일 뿐 본래의 목적이 될 수는 없다.

- **일화 또는 요약**: 직접적인 관련성이 없는 여러 개의 짤막한 뉴스를 칼럼에 소개할 때 유용한 방법이다. 이러한 칼럼 기사는 서로 관련 없는 내용을 지닌 3~4개의 주제를 포함한다. 한 주제를 3~5개의 절로 구성하는 것이 보통이지만 더 세분화할 수도 있다. 또한 외신이나 국내 통신사에서 제공하는 많은 양의 단신성(短信性) 기사들을 다시 정리하고 요약하여 스포츠 관련 인사, 장소 및 사건을 요약해서 싣는 요약 칼럼을 만들 수도 있다.

- **전문분야**: 주요 스포츠 종목을 전담 취재하는 기자들은 자신의 일상적 취재 활동을 통해 수집한 자료를 칼럼 기사의 재료로 사용하기도 한다. 일반 스트레이트 기사로 다루기에는 적합하지 않은 소재를 칼럼에 소화하는 것이다. 이 칼럼 형식은 국내 언론의 스포츠 기자들이 즐겨 구사하는 형식 가운데 하나다.

- **실용형**(how-to-do-it): 실용형 칼럼은 대개 특정 스포츠의 독특한 활동이나 이슈, 현상에 대해 자세히 쓴다. 실용형 칼럼을 스포츠 기자가 쓰는 경우는 드물다. 이런 칼럼을 쓰는 기자라면 해박한 지식과 경험이 뒷받침돼야 한다. 그래서 특정 스포츠 분야의 전문가나 전문 지식을 가진 외부 인사가 집필하는 경우가 많다. 독자에게 스포츠를 가르칠 수 있을 만큼 해박한 지식을 갖춘 스포츠 기자는 매우 드물다. 아주 없지는 않겠지만 그러한 능력자를 감별해 내는 감식안을 지닌 데스크나 에디터도 드물다. 데스크와 에디터가 까막눈이면, 진짜 실력이 있는 기자를 보유하고 있어도 활용할 수 없는 게 당연하다.

- **독자 여론**: 최근 신문 제작에 독자의 의견을 적극적으로 반영하며 때로는 독자들이 기고하는 글을 게재하는 경우가 많다. 독자들이 투고

한 글을 추려 싣는 면을 따로 가지고 있는 신문도 적지 않다. 독자들은 스포츠 담당 기자가 보도한 기사의 내용에 대해 논평하기도 하고, 때로는 주요 사안에 대한 그들의 의견을 피력하기도 한다. 일부 신문들은 이 개념을 한 걸음 더 발전시켜 외부인사로 하여금 정기적으로 칼럼을 쓰게 한다. 이들의 칼럼은 스포츠 데스크나 담당 기자의 사전 선정 작업에 의해 기획된다.

- **참가자 충고형**(advice-to-participants): 독자의 스포츠나 오락 활동 참여 또는 관전과 관련한 충고 내지 정보 제공을 목적으로 하는 칼럼이다. 이 칼럼은 스포츠 의약품에 관한 칼럼이나 실용형(how-to-do-it) 칼럼과 마찬가지로 수많은 주제에 관해 독자들이 물어오는 특별한 질문에 대해 대답해 준다.

- **스포츠 잡학사전**: 쓰기에 따라서는 아주 인기를 모을 수 있는 형식이다. 정확한 자료를 확보하고 있다면 매우 유익한 정보를 제공할 수 있기에 독자의 호응도 높다. 스포츠에 관련된 용어, 관습, 기록 및 규칙 등 광범한 주제에 관한 의문을 해소해 주기 때문에 특히 스포츠 기록에 관심이 많은 독자에게 인기가 있다. 이런 형식의 칼럼을 통하여 기자는 전화나 메일을 통해 들어오는 질문에 응할 수 있다. 이 과정에서 스포츠 면에 대한 독자의 참여 및 상호작용이 극대화된다.

참고문헌

국립국어원, 『신문 언어 바로 쓰기』, 2010.

노광선, 『무엇이 오보를 만드는가』, 1995.

레이먼드 보일·리처드 헤인스, 『미디어 스포츠의 파워』, 2009.

마이클 티어노, 『스토리 텔링의 비밀』, 2008.

박진용, 『기자학 입문』, 1998.

방열, 『스포츠 보도론』, 2001.

사사키 도시나오, 『시문, 텔레비전의 소멸』, 2011.

삼성언론재단, 『신문의 신뢰도는 왜 하락하는가』, 1999.

유상건, 『스포츠 저널리즘』, 2020.

유일상, 『취재보도 입문』, 2004.

유일상·김이택·정충신·박정철, 『보도실무와 인격권』, 2011.

윤여광, 『미디어와 스포츠영웅』, 2006.

이돈열, 『신문·잡지 기사작성 길라잡이』, 1998.

이행원, 『취재보도의 실제』, 1999.

임준수, 『신문은 편집이다』, 1995.

정준영, 「냉정 대 열정 : 조선일보와 뉴욕타임스의 스포츠 기사 비교」, 2004.

한양대학교 언론문화연구소·삼성언론재단, 『기사 오보의 구조, 그 개선방안』, 1997.

Bruce Garrison, 『Sports Reporting』, 1993.

Dewitt Reddick, 『Modern Feature Writing』, 1949.

Eugene J Webb & Jerry Salancik, 『The Interview, or The Only Wheel in Town』, 1966.

Jerry R Thomas & Jack K Nelson, 『Research Methods in Physical Activity』, 2004.

John Brady, 『The Craft of Interviewing』, 1976.

Leonard Koppett, 『Sports Illusion, Sports Reality: A Reporter View of Sports, Journalism and Society』, 1981.

Michael Haller, 『Das Interview; Ein Handbuch für Journalisten』, 2008.

Thomas Fensch, 『The Sports Writing Handbook』, 1997.

Viola Falkenberg, 『Interviews Meistern)』, 2001.

William Zinsser, 『On Writting Well·An Informal Guide to Writing Nonfiction』, 1985.

허진석

한국체육대학교 교수. 서울에서 태어나 동국대학교 국어국문학과를 졸업하고 동국대학교 대학원에서 이학박사 학위를 취득했다.

주요 저서
『농구 코트의 젊은 영웅들』(세진기획, 1994), 『스포츠 공화국의 탄생』(동국대학교 출판부, 2010), 『미디어를 요리하라』(공저, 서해문집, 2012), 『아메리칸 바스켓볼』(글누림, 2013), 『우리 아버지 시대의 마이클 조던, 득점기계 신동파』(글누림, 2014), 『놀이인간』(글누림, 2015·★2016 세종도서 교양부문 선정도서), 『휴먼 피치』(글누림, 2016), 『맘보 김인건』(글누림, 2017), 『한국 태권도연구사의 검토』(공저, 글누림, 2019,★2020 대한민국학술원 우수학술도서), 『바스켓볼 다이어리』(글누림, 2021), 『여자이야기』(글누림, 2022)

주요 논문
「김영기의 생애와 활동에 대한 연구」(2022), 「한국남자농구 최초의 다문화인 국가대표 선수 김동광에 대한 연구」(2020), 「1936년 베를린올림픽에서 독일 미디어에 비친 손기정 연구」(2014), 「손기정 연구의 사료로서 영화 올림피아(Olympia)에 대한 고찰」(2014), 「한국남자축구 대표 팀 최초의 외국인 코치 에크하르트 크라우춘에 대한 구술사적 연구」(2013), 「신동파의 생애와 경기력에 대한 입체적인 연구」(2013), 「손기정의 베를린올림픽 마라톤 경기 내용 연구」(2013), 「골프장의 명명과 개명에 대한 사적 고찰」(2012), 「1960년대 한국 농구의 미국 농구 체험」(2010) 외 논문 및 평론 다수.

한국체육대학교 학술교양총서 008

스포츠 보도학 개론

초판 1쇄 인쇄 2022년 10월 18일
초판 1쇄 발행 2022년 11월 4일

지은이   허진석
펴낸이   최종숙
펴낸곳   글누림출판사

편 집   이태곤 권분옥 임애정 강윤경
디자인   안혜진 최선주 이경진
마케팅   박태훈 안현진

주 소   서울시 서초구 동광로46길 6-6(반포4동 577-25) 문창빌딩 2층(06589)
전 화   02-3409-2055(대표), 2058(영업), 2060(편집)
팩 스   02-3409-2059
전자우편   geulnurim2005@daum.net
홈페이지   www.geulnurim.co.kr
블로그   blog.naver.com/geulnurim
북트레블러   post.naver.com/geulnurim
등록번호   제303-2005-000038호(2005.10.5.)

ISBN   978-89-6327-706-6 93070

정가는 뒤표지에 있습니다.